AS CRISES CONJUGAIS
E OS CONFLITOS DO AMOR

Conheça nossos clubes

Conheça nosso site

- @editoraquadrante
- @editoraquadrante
- @quadranteeditora
- Quadrante

RAFAEL LLANO CIFUENTES

AS CRISES CONJUGAIS

Copyright © Quadrante Editora, 2001

Capa
Gabriela Haeitmann

Dados Internacionais de Catalogação na Publicação (CIP)
(Câmara Brasileira do Livro, SP, Brasil)

Cifuentes, Rafael Llano, 1933-2017
  As crises conjugais: e os conflitos do amor / Rafael Llano Cifuentes – 3ª ed. – São Paulo : Quadrante Editora, 2024.
  ISBN: 978-65-86964-71-4

  1. Amor 2. Casais - Relação interpessoais 3. Casamento 4. Conflito conjugal - Aspectos religiosos - Cristianismo I. Título II. Série.

21-66494   CDD 248.844

Índice para catálogo sistemático:
  1. Casais : Amor : Prática religiosa : Cristianismo 248.844

Todos os direitos reservados a
QUADRANTE EDITORA
Rua Bernardo da Veiga, 47 - Tel.: 3873-2270
CEP 01252-020 - São Paulo - SP
www.quadrante.com.br / atendimento@QUADRANTE.com.br

SUMÁRIO

As coordenadas do matrimônio 7
   O valor da fidelidade conjugal 8
   A fidelidade e os filhos 12
   A experiência de uma terapeuta americana 16
   Um problema social 21
   Fidelidade e amor 23
   Fidelidade e felicidade 25

Uma premissa indispensável 31
   O contraste psicológico entre os sexos 32
   Algumas consequências desse contraste 37
   As diferenças no relacionamento sexual 42
   Diferença e complementaridade 47

Uma epidemia de crises conjugais 53
   A concepção do matrimônio 54
   A «síndrome da subjetividade» 56
   Que acontece com a nossa geração...? 59
   Uma epidemia de crises 62
   «Quando chegará a nossa vez?» 65

As crises em particular 69
   As crises «de amadurecimento» 69

Crises por falta de sentido 77
　　Crises por infidelidade 82
　　Crises por desleixo, rotina e deterioração
　　　da vida conjugal 86
　　Crises por ressentimento (I) 93
　　Crises por ressentimento (II) 102
　　Crises por falta de maturidade 108
　　Crises causadas por amor possessivo ou por ciúmes 115
　　Crises por hipertrofia profissional 119
　　Crises por causa dos filhos 124
　　Crises por causa da família do cônjuge 128

Os pressupostos para uma solução 131
　　O resgate do sentido do amor 132
　　As «leis de crescimento» do amor 135
　　O crescimento cotidiano no amor 140
　　O ajuste sexual e afetivo 146
　　Sugestões práticas 150

Os remédios para as crises 171
　　Renovar a admiração pela pessoa do cônjuge 174
　　Assumir os erros e deficiências 188
　　Corrigir, não criticar 195
　　Falar com os fatos 201
　　Cultivar a paciência 204
　　Pedir perdão e perdoar 212
　　O senso de oportunidade 219
　　O espírito de serviço 222
　　Os cuidados do lar 228
　　A superação prática dos problemas: lutar 232
　　Intensificar a vida espiritual 239

Uma palavra final: vale a pena 249

AS COORDENADAS DO MATRIMÔNIO

Ao iniciar estas páginas, penso em tantos e tantos casais que vivem felizes na sua família e parecem recolher com a sua fidelidade – vivida às vezes no meio de dificuldades, reafirmada tantas vezes por meio de desavenças e percalços superados em conjunto – uma merecida felicidade, fruto da sua luta e do seu esforço sempre renovado. Mas também me lembro desses outros amigos e amigas, companheiros da longa viagem da vida, que se sentem frustrados precisamente porque não conseguiram consolidar a sua fidelidade conjugal.

Releio o que me escrevia, muito deprimido, um antigo colega. Contava-me o que acontecia na reunião dos antigos alunos do colégio: «A cada ano, vêm com uma esposa diferente... Mas tenho de confessar-lhe também o malogro do meu próprio casamento: já vou pela terceira esposa. A primeira foi-se embora com outro; a segunda, fui eu que a abandonei; e esta terceira está periclitando... Os meus filhos já se estão divorciando... Eles foram os mais atingidos pelas minhas separações, e é isso o que mais me faz sofrer. Pergunto-me se não deveria ter pensado mais na felicidade deles antes de consumar qualquer ruptura. Sinto-me um homem sem raízes, não sei mais qual é a minha família... Tenho saudades daquele lar que sonhei formar quando era jovem...»

A carta desse meu colega é apenas a ponta de um imenso *iceberg*. Ocultos debaixo da superfície de um aspecto descontraído e sorridente, há milhares de desavenças, rupturas e divórcios. «Tudo vai bem no meu segundo casamento», dizem-nos, quando na verdade há sempre remorsos por causa de um cônjuge dolorosamente marcado e de uns filhos que sofrem, inseguros e decepcionados.

Mas essa carta recorda-nos também com dureza que a fidelidade conjugal não é um «tema» para ser discutido em rodas sociais («sou a favor», «sou contra»...), mas tem repercussões patentes e dramáticas na vida dos cônjuges e dos filhos. E é por esta razão que começaremos por dedicar um bom espaço a reflectir sobre alguns dos seus aspectos.

O valor da fidelidade conjugal

Há muita gente que pergunta: «Por que viver a fidelidade? Não é algo que impede a espontaneidade e, com isso, a felicidade do amor?» Mas raros são os que perguntam: «Por que todo o mundo corre atrás da felicidade?»

É verdade que as pessoas tendem para a *felicidade* como os corpos para o seu centro de gravitação: é algo *natural*. Mas não se repara que a felicidade que só o amor pode proporcionar não se consegue sem *fidelidade*. A fidelidade no amor é uma qualidade tão *natural* como o próprio amor.

Deus uniu num mesmo ato a criação do homem e a fidelidade no amor. De acordo com a imagem bíblica, depois de moldar com barro a figura do homem e de formar a mulher do corpo do homem, disse a um e a outro: *Deixará o homem o seu pai e a sua mãe para se unir à sua mulher e serão os dois uma só carne* (Gn 2, 24).

Dois, numa só carne! Deus quis que homem e mulher se fundissem inseparavelmente num só corpo, isto é, com um vínculo de amor fiel até a morte. A fidelidade dessa união não parte de um mero consentimento conjugal, nem dos imperativos de uma lei, mas da força do propósito do Altíssimo. Foi Ele quem disse: *Que o homem não separe o que Deus uniu* (Mc 10, 9).

A fidelidade no amor que une marido e mulher proveio assim do próprio ato pelo qual Deus criou o homem. É uma lei tão natural como a lei do crescimento biológico ou da regularidade cósmica, válida tanto para católicos quanto para não católicos. Lei que, para os cristãos, encontrará um reforço e um auxílio especiais no Sacramento do Matrimônio.

Tanto o homem como a mulher unidos maritalmente são cada um, de certo modo, como uma *humanidade incompleta* que procura a mútua perfeição na íntegra realização da união conjugal. Ora, essa «íntegra realização» exige a permanência, porque a personalidade humana se desenvolve e evolui ascendentemente ao longo da vida inteira. E a vida forma um todo contínuo e unitário.

Esta certeza marca como um cunho as manifestações da vida social e cultural de todos os tempos e de todos os povos[1]. A título de exemplo: há um secular ritual cigano que prescreve que, ao se casarem, os noivos devem quebrar um vaso de barro; se não se puder voltar a juntar os pedaços, o casamento é considerado irrevogável. Mas o costume prevê também que, nessa cerimônia, uma criança pegue um caco desse vaso sem ser vista e o jogue longe, para que ninguém o possa encontrar...

Essa lei natural – própria da *natureza* do amor – está em absoluta concordância com a *psicologia* do amor. O amor exige a totalidade: quando autêntico, é integral e eterno. Ninguém aceitaria uma declaração de amor como esta: «Eu te amo com dois terços do meu coração», ou como esta: «Eu te amo com todo o coração..., mas só até o ano que vem». E só uma deformação psicológica grave, uma frustração que descambou para a piada cínica, explica que um poeta tenha podido dizer do amor: «Que seja eterno...enquanto dure».

Ao deparar continuamente com tantas manifestações levianas de amor – esse casar-se e descasar-se como quem troca de sapatos –, poderíamos ser levados a pensar que a fidelidade no amor conjugal é um valor que «passou de moda». Se prestássemos mais atenção, porém, observaríamos que, hoje mais do que nunca, as pessoas casadas sentem uma necessidade absoluta da segurança, da

---

(1) Cfr. Westermarck, *The History of Human Marriage*, vol. IV, Paris, 1895, pág. 230 e segs.

estabilidade e da tranquilidade que procedem da fidelidade conjugal, que nunca passará de moda. E as descasadas, também: há pouco, anunciava-se que um conhecido humorista brasileiro, «do alto dos seus seis casamentos», lançaria um livro sobre «como manter o casamento» – mas a sério...

Os sociólogos e os psicólogos norte-americanos parecem estar agora descobrindo o valor da fidelidade e da indissolubilidade. Os analistas nova-iorquinos, por exemplo, vêm notando uma mudança na atitude dos «clientes» que acodem aos seus consultórios. Antes, estes vinham com o divórcio já decidido e procuravam um apoio para sustentar a sua decisão. Agora, começam por afirmar que não querem separar-se, mas precisam de ajuda para superar a crise em que se encontram.

Há algum tempo, um artigo do *Le Point* observava precisamente que, nos Estados Unidos, depois do longo período em que se exaltavam o individualismo e o narcisismo, passou a haver a uma revalorização do esforço e do sacrifício próprios para salvaguardar o casamento das rupturas que antes ocorriam rapidamente depois do primeiro conflito[2].

É curioso observar que agora – depois de tantos séculos – se está «redescobrindo» o que é tão *natural* como o próprio homem. O mesmo artigo sublinhava que se está querendo proteger – «blindar» – o matrimónio contra o bombardeio do egoísmo, da precipitação e da superficialidade, com uma cláusula jurídica adicional que impeça

---

[2] Cit. por Antonio Vázquez, *Blindar el matrimônio*, revista *Hacer familia*, Palabra, Madri, setembro de 1997, pág. 18.

as partes de se separarem «impunemente». Embora a intenção evidentemente seja boa, não conseguimos deixar de perguntar-nos se nestes primeiros anos do terceiro milênio, em que recebemos fotografias tão sensacionais de Vênus e de Marte, teremos caído tão baixo que precisamos de umas multas em dinheiro para forçar as pessoas a corresponder ao imperativo de uma lei gravada desde sempre na nossa própria natureza.

Por outro lado, será que o valor dessa multa estabelecerá o «valor» de um casamento? Será que daremos ao contrato matrimonial menos valor do que ao contrato de um jogador de futebol, cuja rescisão unilateral está onerada com o pagamento de milhões de dólares? Não, com certeza. Não se trata de confiar em multas em dólares; basta a palavra de uma mulher e de um homem cabais, que assumem o compromisso matrimonial aceitando o preceito do Senhor: *Que o homem não separe o que Deus uniu.* Será que quem entrega toda a sua intimidade, a sua juventude, os seus projetos, o seu futuro, os seus sonhos nas mãos de outra pessoa não há de ter a garantia da continuidade?

A fidelidade e os filhos

Além da exigência de mútua fidelidade, existe outra igualmente importante: o cuidado e educação dos filhos
que são fruto natural da união conjugal e reclamam a integração do homem e da mulher num princípio educador único e duradouro.

Comparando o mundo animal e os costumes humanos, Augusto Comte, fundador do positivismo, chega a uma série de conclusões extremamente interessantes, comprovadas depois pelos estudos de Westermarck, Heim, Morselli e tantos outros. Essas conclusões permitem formular uma lei que domina toda a biologia animal: a maior ou menor estabilidade da união dos sexos é determinada pela duração das necessidades do desenvolvimento da prole. A estabilidade é regra quase absoluta nas espécies animais que apresentam maiores semelhanças biológicas com o homem, como são os primatas. E no caso do homem, essa regra proveniente das necessidades educacionais dos filhos, exige a permanência da união conjugal até bem passada a adolescência da prole[3].

É uma verdade evidente, que Chesterton formulava naquele seu tom divertido habitual. Vale a pena fazer uma citação, talvez um tanto longa, mas muito amena:

> O matrimônio, considerado humanamente, apoia-se sobre uma realidade da natureza humana que poderíamos chamar uma realidade de história natural. Todos os animais superiores exigem uma proteção paterna muito mais longa do que os inferiores; o filhote de elefante permanece filhote por muito mais tempo do que o filhote de medusa.
>
> Além desta tutela natural, o homem precisa de algo que é totalmente único na natureza: só os seres humanos precisam de educação. Sei que há animais que treinam os seus filhotes em truques especiais, como os

---

[3] E. Morselli, em *Rivista di Roma*, fevereiro de 1902, cit. por L. França, *O divórcio*, Rio de Janeiro, 1955, pág. 12; cfr. também Westermarck, *The History of Human Marriage*, ibid.

gatos ensinam os gatinhos a caçar ratos. Mas é uma educação bastante limitada e rudimentar. [...] Aliás, duvido que um estudante que se apresentasse para o vestibular fosse aceito apenas pelas suas habilidades para caçar ratos. A educação é um cultivo complexo e de muitas facetas, necessário para enfrentar um mundo igualmente complexo; e os animais, sobretudo os inferiores, não precisam dela.

Dizem que o arenque põe milhares de ovos num só dia. Mas, embora evidentemente não tenha sido tocado pela campanha em favor do controle da natalidade, em outros aspectos é perfeitamente moderno. A mãe-arenque não precisa lembrar-se dos seus filhos e, portanto, também não precisa lembrar-se do seu marido. Por outro lado, os deveres de um jovem arenque no momento em que começa a sua vida são muito simples e, sobretudo, instintivos; vêm, como as religiões modernas, «de dentro». Não é preciso ensiná-lo a tomar banho, pois nunca lhe ocorre fazer outra coisa. Não há por que instruí-lo sobre o modo de tirar o chapéu quando passa por uma senhora-arenque, porque nunca usa chapéu nem nenhum outro disfarce puritano que estorve a esbeltez grega dos seus movimentos. Por conseguinte, nem o seu pai nem a sua mãe têm uma tarefa ou responsabilidade comum, e podem felizmente pautar a sua união conforme os mais atrevidos e avançados modelos fornecidos pelas últimas novelas e obras de teatro modernas. [...]

Esta filosofia, comum entre as formas inferiores de vida, obviamente não se aplica de forma alguma às superiores. Por mais apta que seja essa forma de falar para os arenques, ou para os ratos e os coelhos [...], não se adapta ao caso da criatura dotada de razão. Se os jovens da espécie humana devem alcançar todas as possibilidades da cultura humana, tão variada, tão laboriosa, tão elaborada, devem estar sob a proteção de umas pessoas responsáveis durante os longos períodos exigidos pelo seu crescimento mental e moral. Sei que há alguns que se impacientam e se tornam irracionais ao chegarem a este ponto, e dizem que tudo sairia igualmente bem se não houvesse educação alguma. Mas estão mentindo; porque não poderiam sequer expressar essa opinião se não tivessem aprendido laboriosamente uma determinada língua na qual pudessem dizer tolices.

Quando compreendemos isto, entendemos por que as relações entre os sexos normalmente são estáticas, e em muitos casos permanentes. Poder-se-ia argumentar que, mesmo assim, o pai e a mãe poderiam separar-se quando os seus filhos tivessem alcançado a maturidade; mas o número de pessoas que, aos cinquenta anos, realmente desejam fugir com a datilógrafa ou ser raptadas pelo chofer é bem menor do que hoje se supõe com frequência. [...] O ambiente de algo seguro e estável só pode existir lá onde as pessoas são capazes de ver tanto o futuro como o passado. As crianças sabem com exatidão o que significa «chegar a casa», e as mais felizes conservam esse sentimento ao longo de todo o seu desenvolvimento. Mas não poderiam conservá-lo nem por dez minutos se soubessem que o papai só está esperando que o Tommy cumpra vinte e um anos para fugir com a datilógrafa para Trouville [...].

Essa é, na experiência prática, a ideia básica do matrimônio: a de que fundar uma família é algo que deve ser feito sobre um fundamento firme; que a educação das crianças deve ser protegida por algo que é paciente e permanente. Essa é a conclusão comum de toda a humanidade; e todo o senso comum está do seu lado[4].

Também pelo lado da educação dos filhos vemos, pois, que a indissolubilidade do casamento – e a decorrente fidelidade conjugal – é uma propriedade essencial do *matrimônio natural*, não apenas do matrimônio cristão. Poderemos às vezes encontrar pessoas tão «simples», para não dizer tão primitivas, que só consideram natural a união sexual e não reparam que a fidelidade é tão natural como a própria relação conjugal e a procriação dos filhos; que é tão natural a união do espermatozoide com o óvulo que origina um novo ser humano como a união dos esforços do pai e da mãe para educar os filhos... É bom não esquecê-lo, pois o natural no homem não é apenas o biológico, mas também o racional e anímico.

A experiência de uma terapeuta americana

Há o que poderíamos chamar uma «contraprova» para o que vimos dizendo. Um antigo ditado diz: «Deus perdoa sempre, os homens às vezes, a natureza nunca». A natureza não perdoa; mais ainda, vinga-se. O proble-

---

(4) G.K. Chesterton, *Brave New Family*, ensaios e textos selecionados por Álvaro de Silva, Ignatius Press, São Francisco, 1995, págs. 52-55.

ma é que essa «vingança» tem como principais vítimas os filhos.

Os filhos sofrem, e sofrem muito, com as infidelidades dos pais. Na verdade, são os que mais sofrem com as crises conjugais, e muito mais ainda com as separações e divórcios. Esta não é nenhuma afirmação teórica, baseada numa «filosofia» ou «ideologia católica», mas a constatação de uma realidade dolorosa diante da qual não podemos fechar os olhos.

A psicoterapeuta americana Judith S. Wallerstein, judia, acompanha há vinte e cinco anos os casos de 131 filhos de pais separados, na sua maior parte da infância até a idade adulta. Em *Unexpected Legacy of Divorce* («A herança inesperada do divórcio»), um surpreendente *best-seller* escrito em coautoria com Julia Lewis e Sandra Blakeslee, compara as experiências dos seus entrevistados com as dos filhos de famílias intactas e chega à conclusão de que o divórcio afeta profundamente a vida de crianças e jovens:

> Muitos se consideravam sobreviventes de um cataclismo de proporções cósmicas. Para uma criança, a vida pós-divórcio é incrivelmente difícil. Sente-se abandonada, marginalizada. Karen, uma das minhas entrevistadas, expressou esses sentimentos com uma frase de cortar o coração: «O dia em que meus pais se divorciaram foi o dia em que a minha infância acabou». Ao contrário do que acreditam os críticos do meu livro, não é um exagero dizer que a separação dos pais é uma marca, um estigma, que as crianças carregarão por toda a vida.

Resumindo o modo como a separação dos pais afeta a vida da criança, a terapeuta afirma numa entrevista em que comenta as ideias do seu livro:

> A adolescência começa mais cedo para filhos de famílias que sofreram um processo de separação. No caso das meninas, a iniciação sexual costuma ocorrer antes do recomendável. [...] Está provado também que filhos de casais separados sofrem mais de depressão e apresentam mais dificuldades de aprendizado que os provenientes de famílias intactas.
>
> [A longo prazo, a maioria desses «filhos do divórcio»] atribui à separação dos pais grande parte dos seus insucessos no relacionamento. A imagem negativa do casamento leva muitos a fazer péssimas escolhas de parceiros ou a fugir do compromisso. Cerca de 40% não conseguem casar-se quando atingem a idade adulta. Há um contingente enorme de homens e mulheres na faixa dos trinta anos que, traumatizados com a experiência de seus pais, vivem sozinhos. Isso não significa, evidentemente, que não valorizem o amor, a fidelidade e o companheirismo. Apenas têm dificuldade em lidar com os seus sentimentos e traduzi-los na construção de uma vida a dois.
>
> *O dado paradoxal é que, apesar de tudo, o desejo de um casamento duradouro permanece irremovível. Nenhum dos adultos ouvidos por mim aceita a ideia de que o matrimônio seja uma instituição falida.*

Ao comentar os chavões tão difundidos de que «o amor acabou» e de que «um casal já não pode permanecer unido sem amor», a autora afirma, sem receio de chocar os novos «bem-pensantes» do politicamente correto:

> O amor, ora, o amor... De que amor estamos falando? O meu estudo mostra que muitas famílias que permanecem unidas não são abençoadas pelo Cupido, mas pelo bom senso. Acredito que a maioria das separações poderia ser evitada, não fosse a «cultura do divórcio».
>
> Há casamentos em que o amor «acabou», mas que não são tão caóticos ou explosivos que a convivência seja intolerável. Milhões e milhões de pessoas encontram-se nessa situação: não amam, mas também não odeiam o seu companheiro. Essa é a diferença.
>
> *Não raro, a separação traz mais angústias ao homem e à mulher do que um casamento morno. Vários homens e mulheres que compartilham uniões infelizes ficariam surpresos ao saber que seus filhos estão relativamente contentes. Enfatizo: um dos pontos mais interessantes do meu trabalho foi descobrir que, para as crianças, pouco importa se papai e mamãe dormem na mesma cama; o que conta é que se mantenham juntos.* Por isso, acho sinceramente que casais que vivem uma situação conjugal tíbia, sem amor, deveriam considerar seriamente a possibilidade de continuar juntos pelo bem de seus filhos. [...]
>
> Do ponto de vista dos filhos, o casal de verdade sempre será aquele que é constituído pelos seus genitores. Por mais amigáveis que sejam, os substitutos conjugais são vistos como «próteses», quase como «curativos» para uma ferida que nunca pode cicatri-

zar. Infelizmente, os estudos realizados por mim levaram-me a concluir que, mesmo tendo crescido sob um segundo casamento feliz, isso não ajuda os filhos do divórcio a superar dificuldades de relacionamento na idade adulta.

E a autora reafirma, quando lhe perguntam se os casamentos infelizes não prejudicariam mais as crianças do que o divórcio:

Depende de quão infeliz seja o casamento. Muitos casais optam por ficar juntos para criar melhor os filhos, e não há mal nenhum nisso. *Eles têm os mesmos problemas de infelicidade conjugal que as pessoas que resolvem divorciar-se, mas estão dispostos a superar esses obstáculos.* E a recompensa é que os seus filhos crescem de forma infinitamente melhor e se tornam adultos mais seguros, mais preparados para enfrentar as vicissitudes da vida[5].

Penso que é desnecessário qualquer comentário. O que essa estudiosa americana faz é constatar uma realidade, realidade que exprime a lei natural a que nos referíamos. Não se pode abafar nem desviar a força tremenda da natureza; e quando se tenta fazê-lo, acabam-se sofrendo dolorosamente as consequências. É o que se exprime nas palavras de João Paulo II, tão gráficas como dolorosas, quando se refere às crianças que são «órfãos de pais vivos».

---

(5) Judith S. Wallerstein, *Os filhos do divórcio*, entrevista a Anna Paula Buchala, em *Veja*, 13.12.2000, págs. 11-15; grifos nossos.

Um problema social

Outro estudo chega a conclusões muito semelhantes, embora encare a questão do ponto vista da sociedade, mais do que dos indivíduos. Vem resumido numa reportagem publicada no *Wall Street Journal*.

Um pequeno relatório que acaba de ser concluído pelo Conselho das Famílias dos Estados Unidos contém uma das ideias mais radicais publicadas nos últimos tempos: *a sociedade americana estaria muito melhor se mais gente se casasse e continuasse casada.* Num certo sentido, essa comissão bipartidária passou dois anos reinventando a roda. Nenhuma outra instituição social se revelou mais apropriada do que o casamento para cuidar das necessidades humanas. Mas é uma instituição que tem sofrido enormes pressões nos últimos anos, e ninguém sofreu mais as consequências do que as crianças.

Já está bem documentado que as crianças que não vivem com ambos os pais têm maior probabilidade de crescer no meio da pobreza e de ter problemas na escola e com a lei. Esse estudo apresenta conclusões semelhantes. Revela, por exemplo, que crianças em casa sem a presença do pai têm cinco vezes mais probabilidade de serem pobres do que aquelas que vivem com ambos os pais. Para as famílias negras, em que o declínio do casamento tem sido mais agudo, 57% das crianças nos lares sem pais vivem na pobreza, enquanto apenas 15% das crianças de famílias intactas são pobres. Uma outra descoberta, menos surpreendente, é que o crime violento entre os jovens aumentou seis vezes entre 1960 e 1992.

Por trás de todos esses fatos e números devastadores, está a conclusão subjacente de que o divórcio e a paternidade fora do casamento são responsáveis por muitos dos males aparentemente incuráveis que acometem a nossa sociedade. Gravidez na adolescência, delinquência juvenil, pobreza infantil – o denominador comum que liga tudo isso é o declínio do casamento e, com ele, a queda do número de crianças que são educadas em lares estáveis e seguros. Não seremos capazes de resolver esses problemas – afirma o relatório – enquanto não recriarmos uma «cultura do casamento»: «Os valores do casamento e da permanência conjugal estável devem novamente ser as preocupações centrais»[6].

A questão da «cultura do divórcio» *versus* «cultura do casamento» atinge, pois, as dimensões de um problema social, que deveria interessar não apenas ao casal que passa por uma crise, mas também aos legisladores e políticos que afirmam estar dispostos a enfrentar os males de que sofre a sociedade. Tem-se às vezes a impressão de que quem afirma não enxergar os males causados pela legislação pró-divorcista muitas vezes *não quer ver*, talvez por medo de perder algo dessa tão decantada «popularidade» que parece ser a máxima aspiração de alguns homens públicos modernos. A responsabilidade que lhes pesa sobre os ombros, quando se omitem, é tremenda.

---

(6) *The Wall Street Journal, Manter o casamento é um bem social*, repr. em *Gazeta Mercantil*, 8.05.1995, pág. A-4.

Fidelidade e amor

Todas essas sombras que acabamos de ver, pairando ameaçadoras sobre o destino de gerações inteiras e da própria sociedade, só podem ressaltar o valor do matrimônio indissolúvel, que é a única manifestação digna do nome de *amor*.

Recordo agora a conversa que tive um dia com um rapaz, chamado Gustavo, que estudava Medicina na Universidade Federal do Rio de Janeiro. Todas as quartas-feiras, numa das salas do Centro de Tecnologia dessa Universidade, organizava-se uma «mesa-redonda» com meia centena de universitários das diversas Faculdades. Depois de uma dessas reuniões, o Gustavo procurou-me. Éramos amigos.

– O senhor já sabe que estou namorando a Daniela?

– Daniela era uma colega de Faculdade que também frequentava as reuniões.

– Mas que ótimo, é uma menina bonita e inteligente...

– Mas nós estamos «transando»...

Observou o meu rosto e acrescentou:

– Parece que o senhor não gostou... Mas é *natural*. Ela gosta de mim, eu gosto dela..., tudo leva a isso... Isso é *natural*. Deus nos fez assim, temos que seguir a correnteza *natural*.

– E se ela engravidar?, perguntei-lhe.

– Não. Eu não sou tão «besta» assim, eu uso «camisinha»...

– Que contradição, comentei. Não tem que ser tudo *natural*, bem *natural*? Ora, nunca se viu um cachorro usando «camisinha»...

Rimos os dois a grandes gargalhadas.

– Além disso – continuei –, no ano passado você namorava a Sônia, de Copacabana, e no retrasado a Cidinha, do Meier... Também «transava» com elas, não é? Pois é, se você quiser ser cem por cento *natural*, daqui a pouco vão aparecer pelo *campus* várias crianças gritando: «Papai, papai!»..., e mais tarde vai ser apelidado de «Pai da Pátria». Isto, se não for processado por não pagar a pensão alimentícia...

As gargalhadas subiram de tom... De repente, o rapaz, que era de bom coração, ficou sério:

– Entendo o que quer dizer... Já pensei muitas vezes nisso que me está dizendo... Realmente, tenho de ser coerente. Se quero ser natural, tenho de ser natural em tudo. Estou preocupado... Foi por isso que vim falar com o senhor... O problema é que sou «louco por menina»...

– Compreendo tudo isso muito bem, mas essa é uma outra questão de que falaremos em outra oportunidade. É preciso dominar-se, preparar-se para o matrimônio...

Passou um bom tempo sem nos vermos, e um dia o rapaz voltou a procurar-me. Casara-se com a Daniela. Tinham um filho e estavam esperando outro. E disse-me:

– Com o filho a quem tanto amo entre os meus braços, compreendo a «besteira» que fazia antes... Há uma diferença infinita entre «transar», evitando as consequências, e comprometer-se para toda a vida, acolhendo desde o primeiro momento os filhos que venham. Agradeço ao senhor por ter-me ensinado algo tão importante.

Todo o rapaz, toda a moça que namoram deveriam pensar, antes de casar-se, na garantia que devem dar um ao outro de perpetuar a sua fidelidade, pela responsabilidade que assumirão de trazer filhos ao mundo. Mas não apenas pelos filhos; também a felicidade dos dois cônjuges está intimamente entrelaçada com esse *compromisso para toda a vida* que o Gustavo descobriu, do qual os filhos são parte. Como é mesquinha e limitada a felicidade que o mero prazer sexual traz, em comparação com a felicidade de um amor em que a pessoa se entrega por inteiro, de corpo e alma, e que se exprime precisamente pelo compromisso de fidelidade! Esse compromisso é, como veremos adiante, a verdadeira *salvaguarda do amor*.

Fidelidade e felicidade

Fidelidade. Felicidade. Podemos começar por qualquer uma dessas palavras, que terminaremos na outra. Não são apenas as palavras, mas os conceitos, as realidades, as vivências que se entrelaçam e se completam. Uma não pode viver sem a outra. Confundem-se foneticamente, entrelaçam-se poeticamente. *Fidelidade, felicidade. Felicidade, fidelidade*: ambas compõem o poema da vida.

Que bênção divina é um lar estável, sustentado pela fidelidade dos esposos! É um baluarte cujos muros permanecem de pé, aconteça o que acontecer. É um monumento que atesta a superioridade dos homens sobre as suas próprias paixões e sobre todas as tentações externas. É uma lição constante da força do Sacramento do Matrimônio, que triunfa apesar das desavenças, dos defeitos e das fraquezas. E é igualmente a melhor pedagogia para ensinar aos filhos o modo de caminharem seguros pela vida fora.

O conhecido jornalista britânico Paul Johnson conta num artigo publicado precisamente no dia dos namorados, no *The Daily Telegraph*, como a sua mulher e ele conseguiram fazer perdurar o seu casamento:

> O amor sensível e o matrimônio são coisas muito diferentes. O amor é um sentimento. O matrimônio é um estado de vida único, para o qual não existe uma preparação profissional nem se exigem mais aptidões que a idade e estar solteiro. Isto significa que requer mais esforço [...].
>
> Altercações, diferenças de opinião, discussões, brigas, ataques de ira, zangas e silêncios fazem parte da realidade diária do matrimônio. É normal que duas pessoas que vivem juntas tenham amiúde pontos de vista diferentes; saber resolver essas diferenças com simplicidade faz parte da dinâmica vital e do processo de amadurecimento da pessoa. Divorciar-se significa romper esse processo de crescimento, arrancar pela raiz a planta viva e lançá-la, sem necessidade, ao fogo.
>
> A minha esposa Marigold e eu estamos casados há quase quatro décadas. Ambos temos um caráter forte, sustentamos opiniões firmes e tivemos já muitas diferenças, algumas delas sérias. Se tivéssemos decidido deixar de esforçar-nos por levar para a frente o nosso casamento, poderíamos ter-nos divorciado mais de uma dúzia de vezes. Mas há muito que se perderam na névoa do tempo as circunstâncias e os detalhes das nossas discussões. «Meu bem» – pergunto-lhe às vezes –, «qual foi o motivo por que estivemos a ponto de

divorciar-nos em 1972? Não me lembro bem... Aliás, foi em 1972 ou em 1974? Você se lembra?» [...]

Os matrimônios duradouros edificam-se sobre os estratos arqueológicos de brigas esquecidas. Especialmente quando se aproximam as bodas de ouro, flutua o saudável espírito do esquecimento... No fim das contas, tudo está dando certo[7].

É deste modo, talvez descontínuo, intermitente, que se constrói – dia a dia, tijolo a tijolo, com um sacrifício unido a outro, com uma renúncia vivida ao lado de outra –, a felicidade conjugal, renovando uma e outra vez – apesar das diferenças e conflitos – a fidelidade, até que a morte separe os dois esposos. Chegará um momento em que a fidelidade se renovará nos céus, onde a felicidade se prolongará por toda a eternidade.

O papa João Paulo II, no seu memorável e irrepetível encontro com as famílias no Rio de Janeiro, em outubro de 1997, dizia-nos: «Pais e famílias do mundo inteiro, deixai que vo-lo diga: Deus vos chama à santidade! Ele mesmo nos escolheu *por Jesus Cristo, antes da criação do mundo* – diz-nos São Paulo – *para que sejamos santos na sua presença* (Ef 1, 4). Ele vos ama loucamente, Ele deseja a vossa felicidade, mas quer que saibais *conjugar sempre a fidelidade com a felicidade*, pois não pode haver uma sem a outra»[8].

Mas não estamos apenas fazendo a apologia de uma virtude cristã, e sim de uma realidade vital. Basta olhar

---

(7) Cit. por Antonio Vázquez, *Blindar el matrimonio*, pág. 19.
(8) João Paulo II, Homilia da Missa campal com as famílias no Aterro do Flamengo, 05.10.97.

para a vida. Onde se descobre a felicidade? Por acaso no encontro amoroso eventual que, se foi intenso, deixa sempre saudades? Na explosão hormonal que, se carente de amor, deixa tédio na alma e «ressaca» no corpo? Na relação temporária de uma mulher com um homem que, depois de alguns anos, é substituída por outra, deixando certamente corações partidos e almas dilaceradas? Em receber um filho que depois terá de lamentar a amargura de viver sem pai ou sem mãe... porque ele ou ela foi unir-se a outra mulher ou outro homem, abandonando o lar? Na leviandade de quem diz: caso-me com ela/e e, se não der certo, divorcio-me e caso com outra/o? Será que esse homem ou essa mulher são tão imaturos que não chegam a saber quanto vão sofrer e fazer sofrer se se separarem?

Onde, pois, se descobre a felicidade? Não a encontramos, porventura, em centenas de famílias que crescem *em torno da fidelidade dos cônjuges*, nesse longo processo em que os esposos vão amadurecendo juntos no amor, em que vão vendo aparecer os filhos um após o outro, dando passagem depois aos netos e porventura aos bisnetos, até a terceira e quarta gerações, formando como que uma «pequena pátria» que, ao estender-se e aumentar, vai dilatando também a alegria e a paz dos progenitores? E estes, ao olharem para trás, recapitulando todas as incidências do matrimónio – nesse claro-escuro do quadro da vida, cheio de sombras e luzes, de penas e alegrias não poderão chegar ao fim dos seus dias murmurando legítima e serenamente: *«missão cumprida»*?

São estes os homens e as mulheres que, contemplando o esplêndido panorama da sua vida de lés a lés, do nascimento até a morte, poderão dizer: «Valeu a pena? Claro!

Na verdade..., que pena é essa?» O sacrifício que fizeram para serem fiéis um ao outro; a abnegação na diuturna preocupação pelos filhos que agora já se tornaram pais por sua vez..., isso é uma pena? É claro que não. Isso foi precisamente o que alicerçou a alegria dos dois. Isso não foi pena nenhuma.

Pena é a outra: a que sente a esposa abandonada pelo marido, o marido abandonado pela esposa, o filho que ficou soluçando num canto da vida, lamentando-se por ter perdido o que mais amava... Mas esta, esta não é pena! Esta grita de júbilo: «Não foi nada. Tudo valeu mil vezes a pena!» A fidelidade, com todos os seus sacrifícios e penas, é condição necessária para a felicidade.

UMA PREMISSA INDISPENSÁVEL

A fidelidade no amor é uma coordenada fundamental do matrimônio. Mas, ao ser vivida, há de levar em conta um elemento iniludível: a diferença física e psicológica que a distinção dos sexos implica.

Não é que o ser humano simplesmente *tenha* um sexo determinado; ele *é* sexuado, de cima a baixo, até a última partícula do seu ser. Não existe uma só célula que não traga a marca do masculino ou do feminino. E o mesmo se poderia dizer das atitudes: não há um gesto, um olhar, um sentimento, um pensamento que não estejam impregnados do masculino ou do feminino.

Às vezes – e isto chega a parecer jocoso –, o homem esquece-se de que se casou com uma mulher e a mulher de que se casou com um homem. Alguns homens pensam inconscientemente que se casaram com um ser humano que tem físico de mulher e mente de homem;

algumas mulheres julgam, sem o perceber, que se casaram com um rapaz que tem a fortaleza corporal do homem e a alma da mulher. Seria preciso consciencializá-los e dizer-lhes bem alto: «Não, meu rapaz, você não se casou com um executivo dotado de encantos femininos»; «Não, menina, você não se casou com uma *mademoiselle* com músculos de lutador».

Comenta Gary Smalley, psicólogo americano que se dedica à orientação de casais em crise:

> É típico dos homens casarem-se sem saber como falar com as suas esposas. Alguns homens nem mesmo sabem que as suas esposas precisam de uma comunicação íntima. Com frequência, não têm a menor noção da natureza sensitiva das mulheres [...]. E assim se tornam incapazes de satisfazer as necessidades afetivas das esposas.
>
> Muitas mulheres entram no casamento igualmente despreparadas. Não sabem que a admiração significa tanto para os homens como o romantismo para elas. Não percebem que eles geralmente se apoiam mais no raciocínio do que na sensibilidade intuitiva...[1]

O contraste psicológico entre os sexos

As diferenças entre a mulher e o homem são com frequência uma fonte de brincadeiras e ironias divertidas,

---

(1) Gary Smalley. *For Better or for Best - Understand your Man*, Harper Collins, Nova York, 1991, pág. 7.

mas na realidade cotidiana a piada e o sorriso fácil podem converter-se em lágrimas amargas.

– A minha mulher é um anjo, diz alguém.

– Pois a minha ainda não morreu, responde-lhe o amigo com um certo ar amargurado...

Procuremos estabelecer, de forma sintética, quais são as principais diferenças, sem pretendermos fixar padrões rígidos.

Em geral, o homem tende a ter um espírito mais «objetivo», isto é, uma mentalidade mais prática, utilitária e racional; a mulher, habitualmente, tende mais a levar em consideração as pessoas e os sentimentos: um ramo de rosas no dia do aniversário do casamento pode representar para ela muito mais – por ser um símbolo de ternura – do que um grande pacote de dinheiro deixado pelo marido sem uma palavra de carinho. Esse contraste psicológico pode levar o marido a dizer que se casou com um ser complicado, cheio de «lirismos»; e inclinar a mulher a pensar que se casou com um «monstro» egoísta e grosseiro.

Normalmente, o homem tem mais espírito de decisão; nasceu para mandar e para assumir responsabilidades de peso. Muitos homens que têm na sociedade uma função subalterna encontram no lar um ambiente que lhes confere segurança e coragem: no seu lar são ouvidos e respeitados, podem mandar. Sentem-se orgulhosos de poderem proteger a «fraqueza» (na verdade, só aparente) da mulher. Esta, por sua vez, sente-se promovida pelo fato de um ser «mais forte» do que ela lhe consagrar a sua vida, estar ao seu serviço, trabalhar por ela: é belo experimentar a sensação de que toda essa energia masculina trabalha para a sua felicidade íntima.

Mas, por sua vez, ela quer dominá-lo! A mulher procura conduzir o homem a fazer o que ela quer, embora atue de um modo indireto, levando-o, afinal, sem ferir a sua autoridade, a decidir nos termos em que ela quer que decida. O grande triunfo da mulher consiste em dar a impressão ao marido de que é ele quem manda, quando na realidade é ela quem lhe inspira as decisões. Paradoxalmente, a *dona de casa* tem plena consciência de ser dominada e, ao mesmo tempo, de ser senhora dessa força que a domina. E o homem, também paradoxalmente, gosta de ser esse dominador dominado. Otto Scorzeni, um dos homens que demonstraram maior coragem na última guerra mundial, dizia com expressão divertida: «Eu decido as coisas importantes da família, mas quem diz quais são essas coisas importantes é a minha mulher»[2].

O marido dá especial importância a que a esposa reconheça a sua autoridade, a que o consulte, mas não tem o menor interesse em que ela o massacre pondo-o a par de todas as minúcias do lar e dos pequenos incidentes ocorridos no dia. A mulher dá importância sobretudo a que o seu marido se ocupe dela, se interesse por ela. Em geral, tem a grande virtude de entregar-se sem medida, mas também deseja que o homem a ame não apenas acima de qualquer outra mulher, mas também acima de qualquer outro interesse. Por vezes, os negócios do marido suscitam os seus ciúmes, tornam-se os seus inimigos, porque tem a impressão de que o marido se interessa mais pela profissão do que por ela.

---

(2) Cfr. Jacques Leclercq, *O matrimônio cristão*, Aster, Lisboa, pág. 83.

Por isso mesmo, gosta de que o marido lhe fale do seu trabalho, dos incidentes da sua jornada, das dificuldades que encontrou, não tanto pelo interesse que tem na profissão que ele exerce, como pelo desejo de entrar no mundo dele, de participar de algum modo das coisas que o ocupam. Mas o marido, talvez cansado ou apreensivo com os seus problemas, muitas vezes só deseja ficar tranquilo e repousado. Não está, como se diz, «para muita conversa».

Neste sentido, vem à minha memória uma cena familiar, contada por um amigo de longa data, chamado Roberto. Certo dia, chegou a casa deprimido. Tinha feito um péssimo negócio, e resolveu não contar nada à mulher a fim de não a preocupar. Aliás, pensava que ela não poderia ajudá-lo porque não entendia nada daquele problema.

Entrou no lar simulando uma enxaqueca. Foi direto para a «poltrona do papai» e mergulhou na televisão. «Hoje não tenho cabeça para conversas», declarou enfaticamente à Heloísa. Ela, como é evidente, ficou um tanto sentida.

Daí a pouco, chegou Ricardo, um amigo do Roberto. Heloísa, na porta, recomendou-lhe que se fosse embora: «O Roberto está com uma enxaqueca daquelas! E de mau humor. Até se negou a falar comigo hoje». Mas este escutou a voz do amigo e exclamou eufórico: «Ricardo, entre, entre, por favor...» Acontece que o Ricardo era um «cobra» no assunto que o preocupava. Passaram duas horas conversando. Roberto ficou radiante: tinha encontrado a solução do problema!... Davam até gargalhadas. E a Heloísa, diante da mudança de atitude do marido, escondeu-se num canto do quarto... chorando. Pensou, desolada, que o marido tinha mais confiança no amigo do que nela, que preferia revelar os seus problemas aos outros antes do que a ela, que não a amava mais... Quando, na verdade, ele a amava tanto que estaria disposto a sacrificar a vida por ela.

Roberto só compreendeu que tinha sido displicente com a esposa quando ouviu o seu choro. Foi pedir-lhe perdão e ela compreendeu que tinha feito um juízo equivocado. Ambos se abraçaram... e ao pranto de Heloísa misturou-se o riso da recíproca alegria.

Neste caso, felizmente, foi possível a reconciliação; mas um pequeno episódio como esse, nascido unicamente de não se terem levado em conta as diferentes mentalidades, poderia ter dado lugar a uma mágoa que terminasse por converter-se num estremecimento duradouro!

Por fim, o contraste entre os sexos estende-se também à importância diversa que dão à comunicação. José Antonio Marina, professor de Psicologia na Universidade Complutense de Madrid, comenta:

> Um estudo feito com 264 casais revelou que, para as mulheres, o principal motivo de satisfação numa relação está em que haja «uma boa comunicação entre o casal». Do ponto de vista da esposa, a intimidade traz consigo, entre muitas outras coisas, a possibilidade de abordar as questões mais diversas e, em especial, de conversar sobre a própria relação. A maior parte dos homens, pelo contrário, não consegue nem ao menos compreender essa necessidade, e por isso costumam comentar algo como: «Eu quero fazer coisas com a minha mulher, mas ela só quer falar».

Durante a época do namoro, os homens estão mais predispostos a entabular esse tipo de diálogo, mas o seu interesse vai diminuindo. Por outro lado, esta lenta escalada do silêncio masculino pode nascer em parte do fato de que, aparentemente, os homens são mais otimistas quanto à situação real do casamento, ao passo que as mulheres são mais sensíveis aos aspectos problemáticos.

[Daí decorre também que,] em geral, as mulheres suportam com mais facilidade do que os homens as discussões. Esta é, ao menos, a conclusão de Robert Levenson, da Universidade de Berkeley, depois de estudar 151 casais unidos há muito tempo: a maior parte dos maridos tinha especial aversão pelas discussões matrimoniais, que para as mulheres não representavam problema algum [3].

Algumas consequências desse contraste

Gary Smalley comenta com mais detalhe uma nuance característica que marca essas «tonalidades» diferentes entre mulher e homem:

> O dr. Cecil Osborne, no seu livro *The Art of Understanding Your Mate*, afirma que as mulheres tendem a tornar-se «uma parte íntima» das pessoas que conhecem

---

[3] M.H. Davis e H.A. Oathout, *Maintenance and Satisfaction in Romantic Relationship* e R. Levenson et al., *The Influence of Age and Gender on Affect, Physiology, and their Interrelations*, cits. por José Antonio Marina, *La selva del lenguaje*, Anagrama, Barcelona, 1998, págs. 171-172.

e das coisas que as cercam; estabelecem uma espécie de «unidade» com o seu ambiente. O homem pode relacionar-se com pessoas e situações, mas geralmente não permite que a sua identidade se entrelace com elas; de certa forma, permanece sempre à margem delas. É por isso que a mulher, que pensa no lar como uma extensão dela mesma, pode sentir-se facilmente ofendida se, por exemplo, a decoração for criticada por outros [...].

Por causa da identidade emocional que a mulher estabelece com as pessoas e lugares que a circundam, precisa de mais tempo do que o homem para ajustar-se a mudanças. O homem é capaz de deduzir logicamente os benefícios de uma mudança e preparar-se para ela em questão de minutos; a mulher, não. Ela centra a atenção nas consequências imediatas da mudança e nas dificuldades que poderá acarretar para ela mesma e a família. Precisa de tempo para realizar o primeiro ajuste, antes mesmo de poder começar a animar-se com as vantagens que a mudança possa trazer[4].

Em diversas ocasiões tive oportunidade de verificar pessoalmente o acerto desta apreciação. A título de exemplo, vai aqui um episódio que me foi relatado.

Um casal do Rio, Paulo e Ana, «davam duro» numa pequena empresa, que chegava a exigir até doze horas diárias dele e oito da esposa, apesar de ela estar no sexto mês de gravidez. Buscando melhores oportunidades,

---

(4) Gary Smalley, *If Only He Knew*, Harper Collins, Nova York, 1991, pág. 8-9.

Paulo foi a Curitiba a fim de expor as suas ideias a um empresário rico do seu mesmo ramo de atividades. Este fez-lhe uma oferta generosa, que o deixou totalmente entusiasmado. Não precisou refletir mais do que dez minutos para aceitar a oferta. Para ele, era a única forma «razoável» de agir. Telefonou para Ana e contou-lhe a novidade em ordem «lógica», esperando que ela se alegrasse tanto quanto ele. Disse-lhe:

– Em primeiro lugar, você não precisará mais trabalhar. Segundo, além de exercer um cargo de liderança e ter um bom salário fixo, com direito a fundo de garantia, décimo-terceiro e férias, ainda receberei 25% dos lucros da empresa (o empresário me disse que poderia chegar a ser rico em um ano). Terceiro, você nem consegue imaginar como é bonita esta cidade: tudo organizado, limpo, com bons hospitais e escolas. Além disso, a empresa está disposta a pagar todas as despesas da mudança.

Mas quando Ana começou a chorar descontroladamente, Paulo ficou chocado. No começo, pensou que estivesse chorando de alegria, mas assim que a esposa conseguiu respirar um pouco, fez-lhe algumas perguntas que o marido considerou absolutamente «ridículas». Eram coisas do tipo: «Mas, e os nossos pais?», «E como fica o apartamento, se nem acabamos de pagar o financiamento? Aliás, nestes dias terminei a decoração do quarto do bebê!», e «Como vamos viver num lugar tão frio...? Já está chegando o inverno...» Quando fez esta última ressalva, Paulo, com toda a sua «sensibilidade» masculina, pôs o telefone no gancho.

Depois de esperar umas horas para que a mulher se recompusesse, voltou a ligar-lhe. Estava mais calma e concordou com a mudança para Curitiba, embora isso significasse ter de deixar para trás os pais, os amigos, o médico, as aulas pré-parto, bem como o quartinho de bebê que tinha preparado com tanto carinho para o primeiro filho.

Ana precisou de quase dois meses para adaptar-se a uma mudança a que Paulo se tinha ajustado em questão de minutos. No entanto, contrariando as suas expectativas, ele nunca chegou a ganhar nem cinco mil reais por mês, e quinze dias depois do nascimento da criança o negócio abriu falência, obrigando-os voltar para o Rio de Janeiro. Paulo acabou por aprender a lição e nunca esquecerá os sacrifícios que a esposa fez por ele; hoje não toma mais nenhuma decisão importante sem contar com a plena anuência dela. Procura dar-lhe tempo suficiente para ajustar-se a qualquer tipo de circunstâncias novas. E chega até a compreender que perguntas como aquelas: «E os nossos pais?» ou «E o quartinho do bebê?» podem ser mais importantes do que o dinheiro.

Essas incompreensões mútuas não são, na maioria das vezes, voluntárias, mas mesmo assim exigem um esforço conjunto de adaptação e superação. Por outro lado, representam sempre uma ocasião para que se manifestem as tendências egoístas que há em cada um de nós.

Assim, é frequente que o homem tenda a instrumentalizar a mulher. Ele trabalha, traz o dinheiro para a família. Ela tem a *obrigação* – pensa – de cuidar do lar e das crianças. Quando chega a casa, julgando que esse é o seu *direito*, simplesmente vai direto para a «poltrona do papai», como um «herói» esgotado pela batalha da vida... Como se a esposa tivesse ficado em casa deitada e abanando-se, quando na realidade passou o dia todo ocupada com a limpeza, a comida, a costura, as compras e a esgotante tarefa de atender os filhos. Esse marido deveria, muito pelo contrário, erigir no meio da sala – como um trono – a «poltrona da mamãe» (nunca a vi anunciada nos reclames comerciais; por que será?); ou, ao menos, deveria estar sempre atento a essa faceta da vida conjugal para evitar que a mulher se sinta inferiorizada.

Este quadro, que poderia parecer «defasado» nos dias de hoje, em que é comum a mulher ter um trabalho profissional ou desempenhar outras ocupações fora do lar, não mudou tanto assim como se poderia pensar. Na realidade, não só não mudou, como se agravou, já que, por mais que marido e mulher compartilhem o sustento econômico do lar, é sempre sobre a esposa que recai primordialmente a preocupação com as tarefas domésticas e a educação e atenção dos filhos.

A título de resumo destas observações, vale a pena citar aqui a sugestiva observação de Ortega y Gasset:

> A excelência varonil radica, pois, no *fazer*, a da mulher, no *ser* e no *estar*, ou, por outras palavras: o homem vale pelo que faz; a mulher, pelo que é. [...] Daí que a profunda intervenção feminina na história não precise consistir em atuações, mas na imóvel e serena presença da sua personalidade[5].

---

(5) José Ortega y Gasset, *Estudios sobre el amor*, em *Revista de Occidente*, Madri, 1957, pág. 18.

As diferenças no relacionamento sexual

As diferenças psicológicas que mencionamos tornam-se ainda mais acentuadas no que se refere à relação sexual.

Uma pessoa recém-casada contava-me há algum tempo o que lhe tinha acontecido na noite de núpcias. Entrou no quarto onde a esposa se estava trocando sem bater à porta, com essa autossuficiência ou falsa segurança de que os homens às vezes fazem alarde. Ela, sem se perturbar, pediu-lhe com voz calma: «Faça o favor de sair e de bater à porta antes de entrar». Ele ficou surpreendido, confuso, e só conseguiu balbuciar, para justificar-se: «Puxa, não sabia que você gostava tanto de "protocolo"!» Foi então que a jovem esposa lhe disse, com uma elegância e ternura irrepetíveis, algo que ele nunca mais esqueceu: «Fiz isso para que você dê sempre valor ao fato de eu lhe permitir que entre na minha intimidade». A mulher, quando não se deixa submeter à propaganda massacrante da mídia, valoriza extraordinariamente a sua intimidade. O pudor representa muito para ela.

O homem é menos delicado e mais carnal. A mulher mais terna e afetiva. Uma conhecida escritora francesa diz: «O amor foi dado à mulher como sua suprema vocação». A mulher está aberta ao amor como os pulmões ao ar. É a sua atmosfera natural. Mas, por isso mesmo, tem uma especial sensibilidade para perceber as limitações e imperfeições do amor humano e a sua transitoriedade, sente de uma maneira mais aguda as suas frustrações, e precisa também de uma maneira mais profunda das demonstrações de ternura. O homem nunca pode esquecer-se disso nas relações conjugais.

O homem tende a conquistar e possuir. A mulher tende a ser desejada e conquistada. Não se entrega facilmente. «O homem é uma chama de gás; a mulher é uma chama de carvão, lenta para acender-se e lenta para apagar-se»[6]. A mulher, como se diz na linguagem corriqueira, demora-se nos «entretantos»; o homem vai aos «finalmente». Se não se levam em conta estes pressupostos, quando a mulher se recusa a ter uma relação sem muitos preâmbulos, a virilidade masculina sente-se ferida. E quando a mulher é forçada a ter relações sem as prévias carícias e ternuras próprias de um coração amoroso, sente-se «usada», «coisificada»: a sua condição de esposa e de mãe parece-lhe rebaixada ao nível de amante ou meretriz.

Se o marido chega a casa de volta do trabalho e não diz uma palavra carinhosa à esposa, não lhe pergunta nada sobre as ocupações, dificuldades ou alegrias que ela teve, mas mergulha no jornal ou na televisão e, às dez da noite, sem especial delicadeza, pede que a mulher corresponda às suas solicitações amorosas, está, sem dúvida, tendo um comportamento abusivo e infringindo as mais elementares normas de delicadeza.

Por sua vez, se, quando o marido chega, a mulher está mal-arrumada, nervosa, despenteada, manifesta repetidamente o seu desagrado pelo trabalho da casa e pelo comportamento das crianças, não pode esperar que o marido se aproxime dela com mais entusiasmo do que se aproxima da geladeira ou de um copo de cerveja. Essas disparidades básicas são a fonte de muitos conflitos matrimoniais, que

---

(6) Antonio Vázquez, *Blindar el matrimonio*, pág. 17.

normalmente só vêm à tona depois de um certo tempo de vida conjugal.

A mulher, intuitivamente, tem mais consciência do que significa construir uma relação amorosa no sentido mais profundo da expressão. A sua sensibilidade inclina-a a considerar essa relação como algo que abrange diversos níveis, desde os mais epidérmicos até os mais íntimos: quer ser esposa, amante, mãe, amiga, fã, enfermeira, construtora e rainha do lar, colaboradora ativa nos trabalhos materiais e nos problemas profissionais, afetivos e espirituais... e nunca simples «parceira sexual» ou auxiliar nos serviços domésticos. O homem não costuma ter uma sensibilidade tão abrangente e personalizante. Com frequência, entra no casamento sabendo bastante sobre sexo e pouco sobre o significado integral e profundo de um amor autêntico. Com não pouca frequência, a esposa tem que exercer com ele, pacientemente, a função didática de professora ou a tarefa artística de escultora.

O matrimônio deve encaminhar-se para a plenitude sexual, mas para uma plenitude sexual que seja ao mesmo tempo plenitude humana. Isto é, o atrativo sexual deve ser acompanhado por um atrativo afetivo, cordial, espiritual... O ato conjugal é um processo que tem um ritmo diferente para a mulher e para o homem. Ambos hão de esbanjar aqui generosidade, intuição, elegância, habilidade, senso de oportunidade, empatia. É certo que o homem, na maioria dos casos, deve tomar a iniciativa, saber conquistar. Mas não é menos certo que a mulher tem de conhecer a arte de sugerir, seduzir e representar o seu papel.

Alguém poderia perguntar: isto quer dizer que, às vezes, será necessário «fazer teatro», forçar uma disposição que não se sente? É evidente que sim. Todos sabemos que é possível, por meio de umas atitudes inicialmente pouco espontâneas, suscitar, «acordar» sentimentos que pareciam adormecidos ou ausentes. A mulher é com mais frequência uma consumada artista neste sentido, mas também o marido deve tentar aprender a sê-lo. A jornada foi dura, cansativa... Por um gesto qualquer, um intui o desejo do outro e entra no jogo, põe «boa cara» e procura esquecer o cansaço; e dentro em pouco o que não passava de «fingimento» torna-se realidade.

Recordo a surpresa que tive quando uma senhora muito bem casada se queixou de que o seu marido – excelente católico, como ela – queria «usá-la» sexualmente. Ao menos, era o que ela pensava. Disse-me que o marido, para «conquistá-la», lhe propusera uma semana de férias num hotel caro, à beira-mar. Ela se tinha negado: «Ele quer «comprar-me»! Quem pensa que sou?» Uns dias depois, o marido veio falar comigo: «Ela anda muito *estressada* e pensei que seria bom passarmos uns dias juntos na praia, mas ela recusou. Não acabo de compreender qual é o seu problema».

Acabava de concretizar-se uma pequena crise conjugal, provocada por um desajuste afetivo e sexual. Sem dúvida, a senhora era excessivamente melindrosa, hipersensível. Atribuiu ao marido umas intenções que nem de longe correspondiam à realidade. Por sua vez, o marido não percebia que tinha de cuidar muito mais dos detalhes de ternura e de carinho no dia a dia. Não era questão de tomar uma medida extraordinária, como levá-la à praia por uma semana, mas de ser mais sensível em cada momento às carências afetivas da esposa, que pouco tinham que ver com a relação sexual. Ambos tinham de proceder com um pouco mais de habilidade, de santa esperteza, para assumir o papel que cumpria representar naquela situação de estremecimento afetivo.

Muitas senhoras se queixam de que o marido só é atento com elas uma hora antes de solicitar a relação e que, fora dessas ocasiões, se mostra desatencioso e ríspido, como se a amabilidade fosse a «arma» a ser utilizada para conseguir abrir a sua intimidade. Muitos maridos, em sentido contrário, reclamam da frieza das suas esposas. Como alguém que me dizia: «Ela sempre está cansada, sempre anda meio adoentada na hora de ter relações, sempre "melindrada", cheia de "nove-horas", cheia de "dengues"... Isso me incomoda profundamente». A esposa, em contrapartida, lamentava-se: «Ele não me respeita, é um egoísta, um grosseiro, parece que me procura só para "aquilo"...»

Como vemos, as diferenças de relacionamento afetivo e sexual entre o homem e a mulher são mais profundas do que às vezes se imagina. É importante levar em consideração esta espécie de «apanhado geral» feito por um especialista na matéria, o médico e pensador Gregorio Marañón:

> Na mulher, a sexualidade primária está absorvida pela maternidade, e a apetência intersexual propriamente dita ocupa apenas um lugar secundário. O símbolo de Maria, Mãe e Virgem, tem por isso uma raiz tão profunda na alma feminina [...]. Uma das coisas que mais surpreendem ao estudar Freud é a ausência de valorização do instinto maternal das meninas, que é a antecipação normal da sua sexualidade [...]. O fabricante de brinquedos, desde que o mundo existe,

constrói bonecas e berços para as meninas e armas e soldados para os meninos [...]. Conhece a psicologia dos sexos muito melhor que os psiquiatras, que, talvez à força de perscrutar o íntimo das almas, perdem a capacidade de interpretar a vida normal que os rodeia[7].

E Ortega complementa essa apreciação:

Graças à sua afortunada predisposição psicológica, a mulher alcança, pois, bastante cedo e sem esforço essa perfeita unidade entre o amor da alma e o do corpo que é, sem dúvida, a forma exemplar, o fim para o qual deve tender a educação da sexualidade. Uma norma e um exemplo a que apenas alguns homens conseguem elevar-se[8].

Diferença e complementaridade

É, portanto, de fundamental importância que eles e elas tenham em alta consideração as características peculiares do outro sexo. Caso contrário, pode germinar pouco a pouco uma separação imperceptível e depois uma revolta oculta que acaba por envenenar as relações conjugais.

Essa revolta, ou pelo menos um sentimento mútuo de incompreensão, vai abrindo paulatinamente uma fenda, uma ferida que, se não for tratada – com a condescendência mútua e com a prática habitual do perdão cristão –,

---

(7) Gregorio Marañón, *Los estados intersexuales en la especie humana*, em *Obras completas*, vol. III, Espasa-Calpe, Madri, 1967.
(8) Ortega y Gasset, *Para la cultura del amor*, El Arquero, Madri, 1988, pág. 91.

pode tornar-se uma chaga purulenta, um verdadeiro abismo de aversão. Talvez se consiga dissimulá-lo durante anos sob um comportamento «correto», porém frio, mas depois a pessoa desaba de repente numa atitude de agressividade ou de infidelidade e ruptura. Por isso, bem podemos dizer que o patamar mais elementar do amor é representado pelo *respeito* às radicais diferenças marcadas pelo sexo.

Amar é amar também essas diferenças. Na sinfonia do amor, o tom grave masculino casa bem com o tom fino e leve feminino. O diferente é *complementar*. Embora possam gerar as dificuldades mútuas que vimos, as diferenças podem e devem constituir os pressupostos de uma complementaridade superior. O homem precisa, na realidade, das peculiares qualidades femininas, e a mulher das qualidades masculinas. Neste sentido, escreve Leclercq:

> A maior felicidade a que a mulher pode aspirar no matrimônio é ter um marido que seja verdadeiramente homem, apesar de todas as rudezas e até indelicadezas com que terá de pagar essas qualidades; e aquilo a que de mais precioso pode aspirar um homem é que a sua mulher seja na verdade mulher, apesar de todos os aborrecimentos que lhe possa causar a sua afetividade.

> O homem precisa, na realidade, dessas qualidades femininas que lhe faltam e a mulher das qualidades masculinas. É uma espécie de apoio que o homem não encontra nos outros homens, nem a mulher nas outras mulheres [9].

---

(9) Jacques Leclercq, *O matrimônio cristão*, pág. 86.

Pois bem, esse apoio mútuo, essa complementaridade superior configura uma das realidades mais sublimes do matrimônio. E nesta complementaridade a mulher desempenha uma função indispensável. Por causa da sua integração afetiva superior, é principalmente sobre ela que recai o papel de construir a família. Quase todos os homens reconhecem esta verdade fundamental. Machado de Assis, em alguma passagem do *Memorial de Ayres*, põe na boca de um dos seus personagens masculinos estas palavras: «A alma do homem é de pedras soltas; a da mulher é a cal que as reúne no seu lugar». A mulher nunca deveria esquecê-lo.

E Neil Williams comenta, divertido:

As mulheres criam os maridos. Uma vez que têm nas suas mãos a matéria-prima – o rapazote desajeitado, bem-intencionado e elegante do qual se enamoraram –, começam a esculpir nele, durante anos, num trabalho constante, a figura do homem com quem possam conviver[10].

Ortega diz algo semelhante:

Na minha opinião, esta é a suprema missão da mulher sobre a terra: exigir, exigir a perfeição do homem. O varão aproxima-se dela procurando ser o preferido; e para esse fim esforça-se, como é evidente, por enfeixar num ramalhete o que a sua pessoa tem de melhor para apresentá-lo à bela juíza. O cuidado que até o mais des-

---

(10) Neil Williams, *Amor en cuatro letras*, Seix Barral, Barcelona, 1998, pág. 58.

cuidado costuma pôr na sua apresentação física durante o tempo do namoro não é senão a expressão exterior e um tanto ingênua do asseio espiritual a que a mulher nos incita. [...] O homem apresenta-se diante da mulher, [...] diz as suas palavras, faz os seus gestos, fixando o olhar no semblante dela para descobrir a aprovação ou o desdém. Sobre cada uma das suas ações, desce um leve gesto de reprovação ou um sorriso que corrobora; e a consequência é que, deliberada ou indeliberadamente, o homem vai anulando, podando os atos reprovados e fomentando os que foram aprovados. De sorte que, no fim das contas, surpreendemo-nos reformados, depurados, segundo um novo estilo e tipo de vida. Sem fazer nada, quieta como a rosa no seu roseiral [...], a mulher encantadora esculpiu desse bloco de mármore que é a nossa vida uma nova estátua de varão[11].

Neste sentido, não podemos deixar de sublinhar a responsabilidade capital que tem a mulher, não apenas na formação do marido e da família, mas da sociedade toda. A mulher é o eixo em torno do qual giram os valores familiares, que por sua vez formam os valores de todos os membros de uma sociedade. Por esta razão, fazendo-me eco de uma ideia que se gravou em mim, gostaria de insistir em que, «quando se corrompe a mulher, corrompe-se a família, e, uma vez corrompida a família, fica corrompida a sociedade inteira». Daí o cuidado que os detentores do poder decisório e de influência nos meios de comunicação deveriam pôr em preservar de todo o aviltamento esse precioso reservatório de valores que é a mulher.

---

(11) Ortega y Gasset, *Estudios sobre el amor*, pág. 19.

Quando se observa que a mídia, em doses maciças, transforma o fascínio feminino em simples apelo comercial, compreendemos ao menos em parte por que o matrimônio como fonte de amor e de vida está perdendo a sua mais alta e sagrada significação. O atrativo que a mulher desperta no homem está destinado naturalmente por Deus a cumprir a missão de unir dois seres num único destino, a fim de se tornarem fonte da vida humana: dessa fonte – que queremos sempre límpida – da qual nascemos você e eu. Adulterar essa nascente da vida transformando-a num mero recurso lucrativo é enlamear o que há de mais sagrado: não há deturpação pior do que a deturpação da mulher.

Numa linguagem muito clara, São Josemaría Escrivá afirma que essa elevada função da mulher na família representa a sua mais alta dignidade. E descendo às realidades concretas diz-nos que

> no cuidado com o marido e os filhos [...], no trabalho com que procura criar em torno de si um ambiente acolhedor e formativo, a mulher realiza o que há de mais insubstituível na sua missão [...]. A mulher está destinada a levar à família, à sociedade civil, à Igreja, algo de característico, que lhe é próprio e que só ela pode dar: a sua delicada ternura, a sua generosidade incansável, o seu amor pelo concreto, a sua agudeza de sugestões, a sua capacidade de intuição, a sua piedade profunda e simples, a sua tenacidade... A feminilidade não é autêntica se não reconhece a formosura dessa contribuição insubstituível, e se não a insere na própria vida[12].

---

(12) Josemaria Escrivá, *Entrevistas com Mons. Josemaria Escrivá*, Quadrante,

Neste vasto sentido, a mulher não se converte apenas, como diz Ortega, na escultora do perfil do seu consorte, mas também em artífice da família e da parte mais entranhável, humana e sensível da sociedade.

São Paulo, 2016, n. 87.

UMA EPIDEMIA DE CRISES CONJUGAIS

A família é a célula básica da sociedade. A saúde de todo o organismo social depende de cada uma dessas células. Se as células estão enfermas, o corpo inteiro adoece. Todos os problemas sociais são provocados por pessoas, pessoas que nascem numa família, pessoas que amadurecem ou se aviltam numa família, pessoas que aprendem o sentido do amor ou do ódio numa família, pessoas que se pervertem ou se santificam numa família. A família é a fonte emergente dos valores humanos. Se a família fica doente, a sociedade sucumbe.

Mas a família depende, por sua vez, do contexto social e cultural que a envolve, como o sangue que envolve cada célula pode alimentá-la ou infeccioná-la, fazê-la crescer ou definhar. O problema das crises conjugais é em ampla medida um reflexo das crises sociais, das mentalidades e atuações deformadas, dos erros e mentiras que se difundem e que contaminam cada um dos membros de uma sociedade. Antes de examinarmos em pormenor os diversos tipos de crises conjugais e de procurarmos determinar os seus agentes etiológicos e as formas de tratamento mais eficazes, parece-nos conveniente, portanto, estudar brevemente as causas gerais, estruturais, dessas crises.

A concepção do matrimônio

O Papa João Paulo II vem repetindo uma expressão que é como um grito de alerta: «*A família está doente*». Qual é o foco dessa doença, e onde encontramos as suas raízes mais profundas?

Se quiséssemos simplificar ao máximo uma questão tão complexa, teríamos de responder que a sua origem e a sua fonte está no subjetivismo, no egocentrismo próprio da época em que vivemos. Esse subjetivismo leva, nada mais nada menos, a um desvio da ordem natural estabelecida por Deus no próprio ato criador, fundamentado no autêntico sentido do amor. O matrimônio não é um simples «contrato» no sentido comum da palavra, um contrato que visasse apenas o benefício de cada um dos contraentes. Não se limita a um mútuo acordo entre as partes, que poderia ser rompido pelos contratantes mediante o ressarcimento dos danos causados. Não. O matrimônio vai além da vontade das partes, pois estas dão a sua adesão comum a uma *instituição* – a família –

que tem vida e características próprias, para além das vontades individuais.

É a instituição familiar que constitui, por sua vez, essa «pequena pátria» em que se aprendem os valores que depois se hão de viver na «outra pátria», a grande, que é a nação. Quando não se aprendem a solidariedade, a superação do egoísmo, a generosidade, o interesse pelo bem comum, o sacrifício em benefício dos outros na «pátria pequena», é muito difícil aprendê-los na «pátria grande». De nada adianta querer incutir cidadania aos membros de uma nação, se antes não se cuidou de que tivessem a oportunidade de aprendê-la na família.

É neste alto sentido que João Paulo II reafirma com toda a força que «a família é o centro e o coração da civilização do amor»[1]. A civilização do amor, no seu sentido mais autêntico e profundo, representa a superação do egoísmo individualista e subjetivo característico da modernidade em que estamos mergulhados. A civilização do amor coincide com a *civilização da solidariedade*: o que há de mais contrário ao subjetivismo egocêntrico. E essa civilização só pode ser construída por meio de famílias solidárias.

Não há realidade social com características mais objetivas e naturais do que a família. A instituição familiar nasce dotada de propriedades objetivas – a unidade e a indissolubilidade do matrimônio, compreendidas naquele *serão dois numa só carne; que o homem não separe o que Deus uniu* – e de umas finalidades também objetivas: a união integral dos cônjuges encaminhada para

---

(1) João Paulo II, *Carta às famílias*, 01.02.1994, n. 13.

a ajuda mútua e a procriação e a educação dos filhos (*crescei e multiplicai-vos*).

A «síndrome da subjetividade»

Ora bem, quando o homem se separa dessa ordem natural e objetiva, procurando o seu bem subjetivo agigantado pelo egocentrismo, provoca um desequilíbrio, uma doença que bem merece o nome que o jurista italiano Beria di Argentine lhe deu: a *síndrome da subjetividade*[2].

Neste caso, o que interessa quando se procura o matrimônio não é algo objetivo – a «instituição» –, e sim um resultado subjetivo, que redunde apenas em benefício próprio. O cônjuge, os filhos, a família são procurados como se fossem uma espécie de «investimento», para dar ao indivíduo um «lucro» de bem-estar, de felicidade, de prazer, ou ao menos para remediar as suas carências subjetivas, como quem vai procurar no supermercado dos valores humanos os «bens de consumo» que satisfaçam as suas necessidades pessoais.

É muito triste que a mais nobre instituição humana – o matrimônio e a família que ele funda – venha a ser instrumentalizada de tal maneira que se torne um simples apêndice da personalidade de alguém. Talvez não seja tão leviano e despropositado como se poderia pensar recordar aqui uma música da «Jovem Guarda» dos anos 60, que dizia assim: «Tu és o meu tijolinho, tu és o

---

(2) Beria di Argentine, «A síndrome da subjetividade», em L. J. Lauand, *Ética: questões fundamentais*, Edix, São Paulo, 1994, pág. 23.

meu tijolão, tu és aquilo que faltava para a minha construção». Este estribilho pode parecer ridículo, mas, se procurarmos a motivação que leva muitos ao casamento, verificaremos como é verdadeiro: «Eu quero casar-me porque penso que assim posso *realizar-me* melhor». O outro cônjuge não passa do «tijolinho ou tijolão que completa a construção» dessas pessoas...

Realizar-se. Essa parece ser a principal razão de tudo o que fazem e pensam as pessoas afetadas pela *síndrome da subjetividade*. Uma razão subjetiva. Não pensam, sequer por um momento, em realizar a felicidade do cônjuge e dos filhos. Não: o que procuram é única e exclusivamente «*realizarem-se eles* através do cônjuge e dos filhos».

Uma reportagem publicada num semanário de grande circulação apontava, sem muita ordem nem concerto, as causas que os entrevistados e entrevistadas davam para a sua última separação conjugal. Omitindo os nomes e cidades de origem, apresentamos algumas que sem dúvida evidenciarão o que estamos dizendo:

> Elas descasam porque: [...]
> – A convivência foi ficando cada vez mais cansativa (P.G., 49 anos, empresária, casada por dez anos, separada há dez).
> – Acabou o amor, o encantamento, o respeito e a paixão (M.V.A., 48 anos, secretária, casada por oito anos, separada há dezoito). [...]
> Eles descasam porque:
> – Nunca achei que casamento fosse algo duradouro. Ninguém é de ninguém (P.P.C., 49 anos, diretor de

teatro, casado oito vezes, separado há nove anos). [...]

– Dificuldades financeiras acabaram com o respeito mútuo (F.R., 36 anos, diretor de filmagem, casado por cinco anos, separado há dois).

– Ela quis morar na casa da mãe, com toda a família (P.A.C., 33 anos, músico, casado por dois anos, separado há três)[3].

Que há de comum nesses depoimentos? Uma carência terrível: a ausência de qualquer senso de compromisso, a falta de responsabilidade na tarefa de construir um futuro comum, ou o descaso grosseiro pelo bem moral do outro cônjuge. Parece que só se pensa no benefício subjetivo, no próprio eu.

É divertido aquele poema de um prêmio Nobel de Literatura, Jacinto Benavente, que, sem evidenciar um nível poético muito elevado, não deixa de ser extremamente expressivo:

> *Eu, eu, eu!*
> *Como o* moi *francês:* moi, moi, moi!
> *Como o cantar dos sapos:* cruá, cruá, cruá!
> *Só os que amam sabem dizer* toi[4].

O amor esquece-se do «eu», do *moi*, deixa de cantar o «cruá», a triste música dos sapos da lagoa do egoísmo, e parte para o *toi*, o «tu»: «Eu caso-me para que *tu* sejas feliz, para que juntos possamos tornar feliz a *tua* família e a minha – a nossa família para que os *teus* filhos e os

---

(3) Aida Veiga e Alice Granato, *O casamento morreu. Viva o casamento!*, em *Veja*, 11.08.99.

(4) *Moi*, «eu» no francês (caso oblíquo), pronuncia-se «moá»; *toi*, «tu», pronuncia-se «toá».

meus – os nossos filhos – sejam também felizes. Para que possamos, Senhor, realizar a missão que *Tu*, como Criador, nos confiaste neste mundo».

Um amor sem «tu», esse amor mergulhado na lagoa – no pântano – do «eu», não é amor; é narcisismo. E a nossa época está aprisionada no terrível mito narcisista do «amor sentimental», que oscila pendularmente entre o romantismo dourado da paixão «que tudo justifica» e o cinismo, duro como diamante, que descarta o cônjuge alegando: «acabou o amor». Uma conhecida cronista escrevia melancolicamente: «Quando o amor começa a acabar, não há solução possível, e o mais que se pode fazer é tentar que ele morra sem muita dor»[5].

Que acontece com a nossa geração...?

Em contrapartida, a escritora e mãe de família Elizabeth Steward, num artigo publicado recentemente no *The Globe & Mail* de Toronto, deixa muito claro o que deveria ser um amor verdadeiro:

Que acontece com a nossa geração (a do *Baby Boom*) para que o divórcio pareça a solução lógica e inevitável de qualquer insatisfação ou falta de plenitude das nossas vidas? O que acontece é isto: o cônjuge pensa: «Ele/a já não *me* faz feliz. Já *não sinto* o amor que tinha. Chegou o momento de *pôr-me a mim mesmo/a* em primeiro plano, de concentrar-me na *minha* felicidade, naquilo que *eu* quero

---

(5) Danuza Leão, *Difícil ver o fim da linha*, em O Estado de São Paulo, 10.07.2000, pág. D4.

para a *minha* vida». O pronome *eu* aparece muitas vezes nessas explicações. Se eliminássemos o uso frequente do *eu*, talvez alguns desses casamentos pudessem sobreviver.

A maneira de pensar deve ser outra: o que *eu* quero da vida deve incluir aquilo que torna felizes o meu marido (ou a minha mulher) e os meus filhos. Nenhum de nós pode colocar-se no primeiro plano no casamento; caso contrário, esse casamento está fadado ao desastre. Isto se define com uma palavra: *compromisso*. [...] A felicidade da família, e não a minha, é a consequência desse compromisso. Esse amor de compromisso é um dom precioso de que devemos cuidar com ternura e ferocidade, como cuidamos dos nossos filhos. O casamento não é um produto descartável[6].

Ouvimos dizer muitas vezes que é preciso ser *objetivo*. Quem é objetivo sabe dar a cada coisa o valor que tem *em si* e não o que tem *para si*: o valor que tem *em si* a vida de um ser humano que eu me comprometi a fazer feliz através do casamento, o valor que tem *em si* a vida de cada um dos filhos que eu trouxe ao mundo para serem felizes. Cada um dos meus filhos vale um universo inteiro, mais ainda, tem – como filho de Deus – um valor infinito, e está esperando que eu seja o artífice da sua felicidade.

Há um princípio clássico, o «princípio da indiferença» – que se poderia denominar também o «princípio da isenção», da imparcialidade, da objetividade –, que se enuncia assim: «O bem não é maior porque se refira a mim nem o mal é menor por que se refira a outro».

---

(6) Elizabeth Steward, *The Globe & Mail*, Toronto, cit. em *Interprensa*, São Paulo, maio de 1997, pág. 02.

Compreendemos que a síndrome do subjetivismo é ao mesmo tempo a síndrome do interesse pessoal, do egoísmo e da injustiça? A justiça é representada com os olhos vendados porque não olha a quem beneficia com os seus ditames, não faz acepção de pessoas. Quando coloco o meu *eu* na frente, bloqueando o *tu*, escondendo o *tu*, quando não me coloco no lugar do outro cônjuge ou dos filhos, sentindo na minha carne a queimadura de uma possível desavença ou infidelidade, é porque sou egoísta, é porque sou injusto. Todo o compromisso verdadeiro está regido pelo princípio da *objetividade*.

Belamente diz a escritora francesa Georgette Blaquiére:

> Acreditamos que *o amor faz durar o matrimônio, mas muitas vezes é o matrimônio que faz durar o amor*, e, no caso do matrimônio religioso, sabemos que o próprio Deus se compromete também com os esposos. Não duvido de que haja matrimônios com graves dificuldades reais. Cada casal tem a sua própria história e uma maneira pessoal de resolver os problemas. Mas eu diria que o matrimônio é como o «laboratório do amor», o caminho privilegiado que o introduz no real, no cotidiano.
>
> Para explicá-lo, gosto de voltar à origem das coisas [...]. O matrimônio introduz-nos num caminho que não admite retorno, porque amar é uma escolha em que o outro é considerado *único* e preferido a tudo, e portanto representa um *compromisso* feito com o coração, o corpo e a alma, sacrificando-se tudo o mais. No matrimônio, é preciso olhar o outro, não com a frieza da «lucidez», mas com os olhos do amor que nos fazem ver mais o bem que o mal[7].

---

(7) Georgette Blaquiére, em *Amor livre*, revista *Istmo*, México, fevereiro de 2000, pág. 50.

Uma epidemia de crises

Há três epidemias que nos foram legados pelo recente final de século: a *AIDS*, um problema gravíssimo; as *drogas*, uma epidemia juvenil contagiosa; e, em terceiro lugar, as *rupturas conjugais*. Clinton, o ex-presidente norte-americano, dizia faz pouco tempo que «os Estados Unidos têm um "espinho" na alma: de cada duas crianças norte-americanas, só uma vive com os dois pais»[8].

Nesta terceira epidemia, a *síndrome da subjetividade* desempenha, como vimos, um papel decisivo, pois torna o matrimônio uma instituição extremamente vulnerável. Os jovens de hoje encaram o matrimônio com graves reservas, como algo incerto, como uma espécie de aventura perigosa. As estatísticas indicam a diminuição dos matrimônios legais e o aumento das relações episódicas ou das uniões irregulares.

Nesse «joguinho de juntar-se e separar-se» que parece acentuar-se nos nossos dias, os filhos aprendem desde cedo a inconstância do amor e a experiência perversa das separações, e é daí que procede essa prevenção dos jovens contra o casamento, mesmo civil: observam à sua volta – muitas vezes nos próprios pais – uma vida conjugal enfraquecida, débil, contaminada pelo vírus dos conflitos e separações. E isso inibe tanto os noivos quanto os pais, que têm o dever de aconselhar os filhos em matéria tão decisiva.

As pessoas estão perplexas. Dizem: «A Igreja, como é

---

(8) Enrique Rojas, Entrevista a María del Pilar Alvear para a revista *Istmo*, México, 1997, pág. 42.

lógico, não vai mudar a lei da indissolubilidade e permitir o divórcio; o concubinato e o matrimônio foram praticamente igualados pela lei civil... Será então que vale a pena casar-se no religioso? Ou mesmo no civil?»

Há uns dias, um senhor que se aconselha espiritualmente comigo dizia-me que estava muito preocupado com o filho: «Está mantendo um namoro muito «avançado» com uma moça que não sei se é a que lhe convém, mas está apaixonado e decidido a casar-se. Não sei o que aconselhar-lhe. Juntar-se com ela e viver amasiado parece-me errado, mas casar-se na Igreja para separar-se depois de três ou quatro anos, parece-me pior. Mais tarde se «recasará» de qualquer modo com outra e viverá com ela de forma irregular. Será que vale a pena que se case? No meu prédio, só há dois ou três casais que estão bem casados; os outros andam na segunda ou terceira união. O que o senhor acha?»

A resposta que dei ao meu amigo foi a que daria a qualquer bom cristão: «É evidente que vale a pena casar-se, mas bem preparado! Qualquer outra «solução» não passa de uma maneira de iludir-se: cedo ou tarde, levará ao fracasso e ao cinismo. O concubinato puro e simples é uma situação de pecado, que acabará por trazer consigo a falta de respeito mútuo, a separação e uma desconfiança completa com relação à possibilidade de encontrar felicidade no amor. E o matrimônio civil sem o religioso não passa, igualmente, de concubinato».

Depois acrescentei o óbvio, o que diria se tivesse que dar um «minicurso de noivos»:

– Se o seu filho não está preparado para receber o Sacramento do matrimônio, o melhor que pode fazer é *esperar* e *acertar o namoro*. Que evite as relações sexuais com a namorada, que os dois esclareçam todas as dúvidas que tenham *antes* do casamento: é preciso que ele e ela se conheçam bem, nas suas virtudes e defeitos, nas suas particularidades, que cheguem a um acordo sobre pontos essenciais da vida em comum, sobre os filhos que desejam ter, sobre a vida religiosa, etc., etc.

«Compreendo que o seu filho talvez não esteja disposto a dar-lhe ouvidos, mas é necessário que ouça do pai uma orientação veraz; os erros, ele os ouve todos os dias... Se o senhor quer a felicidade do seu filho, indique-lhe o caminho do verdadeiro amor.

Poucos dias depois de dar este conselho – um tanto «catequético», reconheço – e preocupado com os resultados práticos que daria, fiquei agradavelmente surpreso ao ver expostas por uma pessoa que não praticava a religião umas ideias que, de um ponto de vista puramente natural, coincidiam com as minhas. Trata-se da advogada britânica Angela Ellis Jones, que no *Daily Telegraph* de Londres assim se manifestava:

> Não pratico nenhuma religião. Não me manifesto a partir de nenhum princípio religioso, mas penso que quem ama de verdade uma pessoa quer casar-se com ela. Quando duas pessoas têm relações sexuais fora do casamento, não se tratam com total respeito. Uma relação física sem casamento é transitória: induz a pensar que ainda está por chegar alguém «melhor». Valorizo-me o suficiente para não permitir que um homem me trate dessa maneira.

A castidade antes do matrimônio é uma questão de integridade. Para mim, o verdadeiro sentido do ato sexual consiste em que é o supremo dom de amor que um homem e uma mulher podem fazer um ao outro. Quanto mais levianamente cada um entrega o seu próprio corpo, menos valor terá o sexo.

O ato sexual implica o corpo, a mente e o espírito. A ideia moderna de que não passa de algo físico – como «beber um copo de água», segundo disse uma feminista revolucionária russa – é totalmente falsa. Já vi como é doloroso para uma mulher romper com um homem depois de uma relação sexual [...]. E também já tinha reparado no caos que produzia o sexo frívolo na vida de alguns colegas de escola [9].

Essa advogada inglesa soube encontrar no fundo da sua consciência como que uma reserva de valores naturais que a preservou da perigosa virose epidêmica na nossa sociedade. Mas – perguntamo-nos – será que a maioria dos jovens possui no seu íntimo essas reservas morais?

«Quando chegará a nossa vez?»

Essa estranha espécie de *epidemia* não deixa inseguros apenas os jovens que vão casar-se, mas também os que já estão casados. Estes, olhando ao seu redor, observando

---

(9) Angela Ellis Jones, *Daily Telegraph*, Londres, 12.12.1996; cit. em *Interprensa*, São Paulo, junho de 1997, pág. 02.

como amigos e parentes se vão separando, poderão pensar: «Quando chegará a nossa vez?»

A escritora Elizabeth Steward, que já citamos, diz:

> Há pouco tempo, meu filho de oito anos aventurou-se a diagnosticar qual dos tios seria o próximo a anunciar o fim do seu casamento. Durante catorze anos de vida com os meus filhos, tive com frequência o privilégio e o prazer de ver o mundo pelo olhar de uma criança, mas esta não foi uma dessas vezes. Passei a esperar o seguinte disparo: «Mamãe, e o casamento de vocês, quando termina?», mas esta pergunta não chegou. Talvez porque o menino temesse a resposta.
>
> Não é estranho que os meus filhos estejam preocupados. Tranquilizo-os dizendo que o nosso casamento vai muito bem, que continua repleto desse carinho especial que mantém unido um casal. Mas se esse carinho pode acabar em outras famílias, por que não na nossa? Se os meus filhos não se atrevem a fazer essa pergunta, também o meu marido e eu não nos atrevemos a fazê-la a nós mesmos[10].

O micróbio da separação em potencial está flutuando no ar. Parece penetrar nos lares com a mesma facilidade com que nos pode abalar um sorriso ou o piscar de um olho ou um aperto de mãos um pouco mais prolongado. Essa apreensão está latente na escritora.

---
(10) Elizabeth Stewart, *op. cit.*

Será que continuamos juntos – acrescenta a sra. Steward – apenas por comodismo, porque seria complicado demais dividir o dinheiro, as propriedades e os filhos? Será que somos imunes às tentadoras alternativas que se nos apresentam? (Meu marido leva vantagem, pois trabalha entre mulheres elegantes. Eu somente lido com o carteiro, os comerciantes e os entregadores).

Será possível que somente a antiquada noção de amor e de compromisso nos mantenha unidos?

Como é lógico, gostaria de sentir outra vez uma paixão excitante na minha vida (perdão, querido, não desejo ofendê-lo), mas não me arrisco a destruir o meu casamento. Mesmo que o meu marido nunca descobrisse a minha «imprudência», eu seria consciente dela e o vínculo de confiança que há entre nós dois desapareceria. Não acredito que muitos casamentos possam sobreviver a semelhante situação.

Mesmo assim, não me considero uma pessoa de segunda categoria ou que leve uma existência «vivida pela metade».

O meu compromisso não foi algo superficial; significou uma guinada radical na minha existência. As decisões do passado – casar, ter um certo número de filhos, deixar de lado a minha carreira – determinaram as que tomo agora. Não me imagino dizendo à minha família: «Desculpem-me, tudo isto foi um terrível engano. Não é o que eu verdadeiramente queria para a minha vida»[...].

Não, não é possível que esse amor morra. O marido e os filhos precisam da minha atenção. Definitivamente, o casamento não é um produto descartável[11].

Também essa escritora canadense encontrou no seu coração uma reserva de valores naturais que lhe serviram para imunizá-la contra os vírus da epidemia. Mas, provavelmente, um grande número de matrimônios não o conseguirá, e se deixará envolver nesse processo patológico que se denomina «crise conjugal».

---
(11) Elizabeth Steward, *op. cit.*

AS CRISES EM PARTICULAR

Acabamos de assinalar a principal causa da maior parte das crises conjugais: a síndrome da subjetividade. Vamos agora referir-nos em concreto a elas, começando por comentar brevemente as que poderíamos denominar «crises de amadurecimento» e detendo-nos depois, com mais vagar, nas que designaríamos por «morais» ou «comportamentais».

As crises «de amadurecimento»

No organismo humano, aparecem fases críticas – como a adolescência, a meia-idade, a menopausa – que provocam perturbações psíquicas e biológicas. Mas são consideradas normais, fisiológicas. O mesmo acontece no matrimônio.

É preciso alertar os cônjuges para que, em face de uma dessas fases críticas, que aparecem habitualmente e se superam regularmente, não pensem que o casamento está fracassado sem remédio. Na verdade, são crises de crescimento, de compenetração e de amadurecimento mútuo.

É certo que algumas delas podem acabar mal por causa de um equacionamento inadequado do problema – assim como um adolescente pode não superar de maneira feliz a fase de transição e ficar marcado para sempre com traços de imaturidade psicológica–, mas na maioria dos casos, com um pouco de cuidado, assessoramento adequado e esforço pessoal, não é difícil superar as crises próprias de cada etapa.

Fazemos a seguir uma sintética exposição dessas etapas [1].

A *etapa de adaptação* coincide com os primeiros anos de casamento. É o período em que é preciso renunciar aos modos de ser pessoais para adaptar-se ao estilo de vida do cônjuge. Essa tarefa não é fácil. Exige espírito de sacrifício, sensibilidade para conhecer melhor os traços principais da personalidade do outro e os seus anseios mais íntimos, e especialmente a disposição de despojar-se do amor-próprio para pensar mais na realização da outra parte.

A vida conjugal talvez seja uma das formas mais radicais de deixar de pertencer-se a si próprio. Compartilhar

---

(1) Para aprofundar este tema, cfr. Enrique Rojas, *Remédios para el desamor*, Ed. Temas de Hoy, Madri, 1990; Rojas é catedrático de psicologia da Universidade de Madri. E também Gary Smalley, *If Only He Knew* e *For Better or for Best – Understand your Man*, ambas pela Harper Collins, Nova York, 1991; Smalley é especialista em aconselhamento matrimonial.

o mesmo quarto, a mesma cama, o mesmo banheiro, os mesmos armários exige mais do que uma simples atração afetiva ou sexual: obriga a pessoa a desprender-se de certos gostos e costumes, de certas indelicadezas e incorreções... Esse querer agradar ao outro à custa de si próprio exige um verdadeiro esforço. Alguns casais já me contaram as discussões que tiveram sobre o modo de fechar uma porta, de apresentar-se na vida social, de falar nas refeições com a boca cheia... Isso, para não falar de coisas mais íntimas como o mau hálito ou os roncos noturnos!

Sem espírito de sacrifício, sem o reconhecimento dos defeitos próprios, a luta por melhorar o comportamento e por tornar a vida do outro cônjuge mais feliz vem a ser quase que inatingível.

Depois vem o primeiro filho, que produz alegrias e... grandes incômodos!: noites maldormidas, a necessidade de recortar a atividade profissional, uma certa perda da liberdade, renúncias as mais diversas e... ciúmes! O marido tem ciúmes dos cuidados que a esposa dispensa ao «filhinho querido». Um deles queixava-se comigo, há pouco, com um certo tom de deboche: «Já não sou mais o seu queridinho!»

Todas estas vivências vão amadurecendo os cônjuges e pouco a pouco o processo de adaptação começa a produzir os seus resultados. Os filhos, à medida que vêm vindo, ajudam a conseguir o esquecimento próprio. A tarefa solidária da sua educação une os esposos nos primeiros anos. Vão aprendendo paulatinamente uma verdade difícil de assimilar: que o mais profundo vínculo de união entre dois seres humanos se forja quando ambos se alegram e sofrem pelos mesmos objetivos e ideais.

A *etapa de consolidação* também oferece dificuldades, especialmente quando entra em jogo uma espécie de espírito de competição ou de domínio por parte de um dos cônjuges. Quando isso acontece, aparecem conflitos por vezes graves, a não ser que a pessoa dominada se conforme com uma submissão total. Quando não é assim, pode nascer a revolta ou, o que talvez seja pior, a mágoa recalcada e silenciosa que um dia explode inesperadamente.

Recordo-me do que me dizia uma senhora casada que já passara dos trinta anos: «Todo este tempo fui uma pessoa condescendente, sempre fiz as vontades do meu marido. Agora, porém, dei o «grito de independência». Não suporto mais o seu autoritarismo. Aliás, nunca o suportei. Eu me calava, mas por dentro me roía toda. Chega!»

O «grito de independência» foi um autêntico berro. O marido ficou assustado. De repente, deparou com uma esposa diferente. Foi necessário dizer aos dois, separadamente, o que não podiam ignorar: a ele, que lhe faltara sensibilidade para perceber a submissa e silenciosa revolta da mulher; e a ela, que não tivera sinceridade suficiente para estabelecer um diálogo assim que apareceram os primeiros sentimentos de mágoa. Um e outro reconheceram a importância de uma avaliação sincera a dois e de um frequente diálogo em profundidade. Começaram a fazê--lo. Hoje entendem-se bem melhor.

É preciso saber ceder, dar ao outro um espaço de ampla autonomia e privacidade, viver o espírito de tolerância e a habilidade no trato, e adquirir igualmente o sentido da oportunidade e da prudência. E a tarefa educativa dos filhos, o carinho que ambos sentem por eles é como o lubrificante que suaviza os possíveis atritos domésticos.

Não nos esqueçamos da importância desta etapa, porque é precisamente por volta dos sete a dez anos de casamento que se dá a maioria das separações. Aqui é crucial aprender a aceitar, reconhecer as diferenças, compreender, conversar.

A *etapa da idade madura*. Existe, sem dúvida, a chamada «crise da meia-idade». As grandes ilusões já morreram. Os êxitos obtidos não são tão grandes como se imaginava. Os desafios ficaram para trás. Aparece o declive da falta de saúde e da perda progressiva da beleza, a despedida e o casamento dos filhos... Diante de tudo isso, talvez batam à porta a melancolia, a saudade e um mal-estar característico: a *monotonia*. Que novidades poderá apresentar já o casamento? Nada de novo poderá aparecer no horizonte familiar.

E surge, quiçá, a tentação de experiências sentimentais diferentes ou aquela *mística do oxalá*[2] a que se referia com bom humor São Josemaría Escrivá, cujas palavras poderíamos parafrasear desta forma: «*Oxalá* não me tivesse casado com a minha esposa, *oxalá* pudesse namorar aquela outra, *oxalá* fosse possível reviver as experiências da minha juventude»... No clima dessa «mística», já naufragaram muitos matrimônios. É como uma fuga provocada pelo tédio, pela falta de interesse pela vida, ou melhor, pela falta de um amor, de um ideal de vida renovado.

O desencanto com o rumo que a vida tomou – como uma névoa sutil que embaça o coração – começa a pesar sobre o nosso ânimo quando verificamos que tudo aquilo que mais desejávamos – a realização pessoal, o amor, a fe-

---

(2) Cfr. Josemaria Escrivá, *Entrevistas com Mons. Josemaria Escrivá*, n. 88.

licidade... – já não o conseguiremos nunca. Constatamos então, tristemente, que os sonhos da juventude foram excessivamente terrenos, rasteiros; que faltaram outros «sonhos» mais elevados, não submetidos à erosão do tempo nem ao movimento oscilante das marés dos sentimentos e dos estados de ânimo. Tomamos consciência, enfim, de que o grande ideal cristão talvez nunca tenha estado realmente presente na vida, dominando-a: um ideal tão grande que por ele possamos sempre viver animosamente, a despeito das decepções humanas, e que também por ele sejamos capazes de morrer serena e alegremente.

Na faixa de sombra entre os quarenta e cinco e os sessenta anos, é, pois, imprescindível varrer decididamente essas falsas esperanças, esses ideais perecíveis, esses saudosismos doentios que aprisionam a alma e, ao mesmo tempo, aprofundar e renovar o amor e a vida. Mas renovar o amor e a vida significa em primeiro lugar renovar os ideais, a motivação mais profunda, a razão de ser última, o sentido da vida: a nossa vocação cristã.

Em todas as etapas da existência, mas especialmente nesta, impõe-se entrar por caminhos de oração para estarmos em condições de ouvir a voz da nossa consciência – a voz de Deus – que porventura venha a dizer-nos: «Não te faças velho... Retoma o caminho... Recomeça». Não nos deixemos deslizar para a velhice de espírito, ainda que tenhamos quarenta anos ou nos sintamos como se tivéssemos oitenta! Não demos oportunidades à frustração assumida – um sinal de senilidade – de aninhar-se no nosso espírito! Não nos agarremos pertinazmente aos velhos e caducos ideais meramente materiais que nos norteavam, mas fixemos o nosso olhar num ponto mais elevado, para além dos nossos horizontes mesquinhos. Saibamos usar todos os valores humanos como catapulta dos amores que não passam.

Já pensamos alguma vez na sonoridade fonética que tem a palavra *ainda*? *Ainda* é uma das palavras mais bonitas da língua portuguesa. *Ainda* é o advérbio da esperança e da juventude, e deve tornar-se o advérbio dos que passam por esta etapa. Oxalá todos pudéssemos fazer nossas, em todos os aspectos da nossa vida, aquelas palavras do famoso pintor Poussin: «À medida que envelheço, sinto-me mais dominado pelo desejo de exceder-me a mim mesmo e de conseguir a mais alta perfeição».

Na vida conjugal, essas ideias concretizam-se em renovar os horizontes dentro do ambiente familiar: superar a monotonia e a nostalgia, tomando ainda mais consciência das carências do outro cônjuge e esforçando-se ainda mais por torná-lo mais feliz; preocupar-se ainda mais com o futuro dos filhos – aquele que conta, o eterno e definitivo, e não apenas o mero bem-estar material e, especialmente, renovar e aprofundar ainda mais a vida espiritual, que ajuda a enxergar de modo mais elevado e maduro o compromisso sacramental do Matrimônio. E pedir ajuda a Deus que, ao morrer e ressuscitar, nos ensina a morrer para o caduco e a reavivar o grande desejo de viver as experiências que o tempo não desgasta.

Na *etapa da terceira idade* aplicam-se com mais razão as considerações que acabamos de fazer, mas é preciso recordar especialmente que essa época da vida não deve tornar--se o período das lamentações estéreis e do retomo melancólico ao passado. Pelo contrário, deve ser como o outono dourado da existência, em que os contornos da vida se tornam mais suaves e o amor mais terno e compreensivo.

Deve ser o período etário em que se aprimoram os cuidados exigidos pelas naturais limitações daquela criatura que compartilhou as alegrias e penas de toda uma vida; a oportunidade de reviver a própria infância nas brincadeiras infantis dos netos; e, especialmente, o momento sereno em que se faz o balanço da vida e se prepara a alma para ver desvelado o rosto do Senhor, como desejava o salmista (cf. Sl 26, 8). Como diz Romano Guardini, «a velhice é a idade da oração».

E é também a idade da responsabilidade. Aqui se aplica de um modo muito concreto o provérbio: «Se os jovens soubessem, e os velhos pudessem...» Precisamente por *saberem*, os mais idosos desempenham um papel fundamental de apoio e conselho junto aos filhos casados, aos netos, aos sobrinhos e a toda essa geração nova que vive e cresce em torno deles. Cabe-lhes a importantíssima responsabilidade de ser para eles um «porto de paz» onde possam encontrar compreensão e ajuda, um «porto de segurança» onde possam estar a coberto das tempestades da vida, e um «porto de fé», dessa fé que é a fonte de toda a paz e de toda a segurança.

Como observamos nas páginas precedentes, cada etapa tem as suas «conjunturas» e «impasses», como tem também os seus recursos e soluções. Quando falarmos dos meios para prevenir e remediar as crises, aprofundaremos nas sugestões que apenas chegamos a esboçar aqui.

A par dessas incidências «naturais» na evolução do matrimônio, porém, aparecem as excepcionais, aquelas a que chamamos «morais» ou «comportamentais». «Excepcionais» não por serem especialmente raras, mas por não fazerem parte do processo natural de amadurecimento do amor: são, de certa forma, exceções provocadas por desvios ou posicionamentos errôneos nas relações conjugais. Passemos agora a analisá-las, sem pretender – evidentemente – fazer um estudo exaustivo.

Crises por falta de sentido

Numa crise matrimonial, há muitas vezes inserida uma *crise existencial*. A ausência de um sentido último para a vida e para a morte provoca uma profunda insegurança, que redunda em instabilidade matrimonial.

Comecemos por exemplificar, usando apenas dois casos dentre os muitos que caberia apresentar. Um dia, disse-me uma senhora:

– Depois de pensar muito, decidi abrir-me com o senhor sobre um assunto que me inquieta. Estou insegura. Todo o mundo comenta que sou uma pessoa sólida, decidida, mas a verdade é que interiormente estou cheia de dúvidas. Em resumo, a minha vida foi assim: casei-me há catorze anos, e nos sete primeiros tive quatro filhos. Como sentia uma grande atração pelo trabalho, lancei-me de cabeça numa empresa que estava crescendo muito. Tive e continuo a ter um grande êxito. Cada dia me solicitam mais. Todos na empresa valorizam a minha pessoa e o meu trabalho. Ganho muito bem. Sinto-me realizada.

– Mas então... onde está o problema?, perguntei-lhe.

– O problema está – respondeu-me – em que cada dia que passa tenho menos interesse pelo meu lar; sinto mais preguiça para encarar os assuntos triviais da minha família; dou uma atenção protocolar aos filhos e às mil questões que continuamente apresentam sobre estudos, exames, amizades, pequenas doenças... Cada vez estou-me distanciando mais da minha família!

«O meu marido é um homem tranquilo, acomodado. Ganha menos do que eu, mas trabalha muito. Os dois chegamos a casa e deitamo-nos cedo, esgotados, para podermos madrugar e voltar ao trabalho. Quase não falamos. Se o fazemos, é apenas maquinalmente. Não chegamos à intimidade.

«Não há discussões ou brigas. Há uma convivência pacífica, mas sem entusiasmo pelo matrimônio. Sinto que na minha vida há algo profundamente errado. Encontro-me realizada e vazia ao mesmo tempo. Que pretendo? Para onde caminho? Que vai ser de mim daqui a quinze anos? Começo a sentir-me angustiada. Percebo que o meu matrimônio está periclitando.

– Não é o seu matrimônio que está periclitando, respondi-lhe. Quem está periclitando é a senhora mesma. O problema está na *sua* vida. Considera o casamento a fonte das suas inquietações, mas o problema está muito além, é muito mais radical: começa em si mesma. Responsabiliza o matrimônio pela sua crise, quando na realidade a razão está na falta de sentido da sua vida.

Em contrapartida, recordo-me também do que me contava uma senhora, enfermeira formada, que estava casada havia dezoito anos e que, depois do terceiro filho, optou por dedicar-se exclusivamente ao lar. Devido a um trauma de infância, não conseguia entregar-se no relacionamento íntimo com o marido. Esse problema aparecera já na lua de mel, mas fora crescendo progressivamente.

Angustiada, acabou por consultar uma médica. Esta manifestou a sua admiração dizendo-lhe: «Todas as mulheres que se trataram comigo e que apresentavam o mesmo problema que você já foram abandonadas pelos seus maridos». E acrescentou: «Por que o seu marido não fez o mesmo?» E essa senhora respondeu: «Porque nós dois acreditamos firmemente que a nossa união está enraizada em Deus pelo Sacramento do Matrimônio. Isso nos transmite uma grande segurança. A minha fé em Deus dá-me a convicção de que nunca nos separaremos».

Seguindo o conselho da médica, fez o tratamento clínico de que precisava, e a solução médica complementou a segurança que lhes comunicava o sentido religioso da vida.

Para superar muitas crises matrimoniais, não há dúvida de que é preciso superar antes as crises existenciais; ou, o que vem a ser o mesmo, a falta de consistência doutrinal e religiosa.

Se pensarmos em profundidade, será fácil encontrarmos esta afirmação no fundo do nosso coração e na realidade da nossa vida. Basta que nos perguntemos, e de um ponto de vista meramente humano: As pessoas não se casam para conseguir a felicidade, a realização? Ora, como poderão conseguir a consciência de ao menos estarem a caminho dessa felicidade se sabem que tanto o amor humano como a vida das pessoas queridas e da própria família está submetida aos abalos de tudo o que é transitório, aos terremotos provocados pela inconstância dos sentimentos, pela doença e, em último termo, pela morte?

Quando começam a experimentar-se as primeiras sacudidas sísmicas provocadas por uma desavença grave, uma doença de diagnóstico preocupante, a marginalização de um filho ou a longa despedida da morte, como não sentir – quando não se tem um profundo sentido religioso da vida – que tudo depende de um destino aleatório e incerto, se não de um desígnio desconhecido e maligno? Não produz este sentimento insegurança e inquietação? Que apoio consistente pode oferecer um cônjuge ao outro quando ele mesmo não sabe a que recurso acudir, a que agarrar-se diante da doença de um filho desenganado ou em face de um desastre econômico ou profissional sem solução? Como encarar estas realidades sem a fé num Deus que nos ama como um Pai e que está mais interessado do que nós na nossa felicidade eterna?

A insegurança pessoal e a infelicidade que causa trazem consigo a insegurança e a infelicidade do casamento e da família como um todo. E como as pessoas não podem resignar-se a viver na tristeza, fogem, escapam, evadem-se.

Há, sem dúvida, uma relação de proporcionalidade direta entre os estados de insegurança, depressão e angústia, por um lado, e os estados de indiferença e de frieza religiosa, por outro; tal como existe também uma proporcionalidade direta entre a falta de sentido para a vida e o apelo ao álcool, às drogas, às desordens sexuais, às aventuras amorosas, às infidelidades conjugais..., que nada mais são do que fugas, evasões. O homem que sente falido o sentido radical da sua vida, o *instinto da felicidade eterna*, procura um refúgio nesses momentos de euforia epidérmica, nessas paixões novas – extremamente atrativas, talvez demenciais, mas acima de tudo novas –, destinadas unicamente a consolar essa pobre criatura que é a alma humana e que, lá dentro de nós, grita ou esperneia penosamente na angústia e no sofrimento. Ou então, sente a necessidade de buscar nos valores de segunda categoria – o *sucesso* profissional, o *reconhecimento* por parte de uma «torcida» de admiradores, o *frenesi* de ganhar mais e mais dinheiro – esse sentido que não tem a coragem de buscar nos valores autênticos. Era o caso daquela senhora que mencionávamos no primeiro exemplo.

A perda da certeza de se estar caminhando com passo firme para a felicidade eterna – que equivale à perda da fé – gera um processo de dolorosa depressão. Em sentido inverso, a fé profunda na verdade transmitida por Cristo – *quem vive e crê em mim não morrerá eternamente* (Jo 11, 16) – traz consigo uma enorme força vital, uma segurança e uma paz da qual só podem falar aqueles que a experimentam. Essa força passa de um cônjuge para o outro, e destes para os filhos.

Quando aparece um sério conflito conjugal, é necessário, pois, que nos perguntemos honestamente, dispostos a ir até o fundo: Qual é o fundamento da minha vida? Creio em Deus, na realidade da presença de Cristo ao meu lado, na objetividade da graça matrimonial? Compreendo que, da resposta a estas perguntas, depende o sentido global da minha vida e, em consequência, do meu casamento?

É bem verdade que uma pessoa que aprendeu uma engenhosa «arte de viver» pode ir alargando, aumentando habilmente os incentivos, embaralhando sagazmente as motivações – novos campos de interesse, atividades esportivas ou artísticas paralelas, *hobbies*, tarefas profissionais complementares, viagens, até mesmo obras sociais e culturais etc. –, substituindo umas pelas outras, criando derivativos, prolongando, enfim, o gosto de viver. Mas tudo o que é humano acaba. O mais que se pode fazer é atrasar um pouco a decadência física e o desalento. Inversamente, o sentido profundo da vida, a vocação humana e divina, representa a nascente escondida de onde brotam e rebrotam continuamente novas motivações; é como o eixo de um relógio que não se desgasta com a passagem do tempo. Quando, porém, ele falta, o relógio da vida para.

Só poderemos encontrar esse sentido mergulhando no fundo do nosso ser, nesse coração onde encontramos a Deus. É desse reencontro com Deus que obtemos toda a existência e sentido, é nEle e somente nEle que conseguiremos tomar consciência da nossa vocação e descobrir a nossa missão neste mundo.

Crises por infidelidade

A infidelidade causa sempre um grave impacto nas relações conjugais. O ser humano traz gravado no seu coração, também hoje – malgrado o clima decadente de «vale-tudo» que o rodeia a convicção de que o amor autêntico é exclusivo e eterno. Para quem entregou a sua vida a outra pessoa, a infidelidade dessa pessoa significa a perda do suporte humano mais fundamental.

É certo que a abnegação da parte fiel pode chegar a ser heroica no seu perdão, como também pode chegar a ser sincero o arrependimento e o propósito de emenda do culpado, mas todos deverão levar em conta que a infidelidade constitui sempre, humanamente, uma profunda deslealdade, uma *traição*, e, cristâmente, uma ofensa gravíssima a Deus, que uniu o corpo e a alma dos cônjuges mediante o Sacramento do Matrimônio. E esse trauma pode deixar estremecidas para sempre as relações conjugais.

Já antes do casamento, homem e mulher – nisto há plena igualdade de direitos e deveres – devem ser conscientes de que a infidelidade – ainda que seja esporádica ou só de pensamento – é uma fresta que deve ser fechada radicalmente. Para encarnar essa decisão, é necessário que marido e mulher a cultivem em todas as suas relações profissionais e sociais, persuadidos de que tem muito a ver com a formação do caráter, com o fortalecimento da maturidade pessoal, que leva a dar importância aos menores detalhes.

A palavra infidelidade é muito desagradável. Normalmente, começa por disfarçar-se sob outras denominações mais benignas e, no início, aparentemente inofensivas: «simpatia», «amizade», «relacionamento cordial»... Mas, pouco a pouco, o sentimento pode ir ganhando corpo até terminar em verdadeira paixão.

Quantas vezes, nas minhas conversas particulares de direção espiritual, um bom esposo, uma honesta mãe de família me revelaram que tinham acabado de descobrir, quase com surpresa, que se tinham apaixonado como adolescentes por outra pessoa! De forma alguma estavam dispostos a abandonar o seu cônjuge, cujo valor reconheciam integralmente, e muito menos a abandonar os filhos, que eram o que tinham de mais importante na vida. Não se tinha configurado o conceito de infidelidade propriamente dita, mas sentiam a forte tentação de começar um novo romance.

Sem o terem percebido, aos poucos o que parecia apenas uma goteira abrira uma pequena fenda que começara a debilitar a estrutura do edifício matrimonial. No princípio, imperceptivelmente – um olhar, um sorriso, uma palavra meiga... depois, de repente, a irrupção impetuosa da paixão.

Muitas vezes, essa paixão tem o seu início num mero lance de vaidade. Sente-se a necessidade de chamar a atenção, de verificar se ainda se desperta interesse e admiração... Dizem que o homem conquista pelo ouvido e a mulher pela vista. Ele quer atrair com uma opinião, um dito engraçado ou inteligente, e ela dispõe-se a chamar a atenção com um movimento elegante dos cabelos, com um balanço sensual do corpo... E o radar do coração começa a detectar pulsações mais aceleradas, acompanhadas por uma recriminação da consciência, contestada por sua vez por uma argumentação do orgulho: «Você está ficando «careta», «escrupuloso/a», como se fosse, sei lá, um seminarista, uma freirinha»...

Nesses casos, sempre dou o mesmo conselho, lembrando às pessoas aquela fórmula da antiga sabedoria que nos diz que o coração deve estar trancado a sete ferrolhos. Falo-lhes da medicina preventiva, que nos aconselha a não abrir nem o primeiro; e, se algum deles já foi aberto, digo-lhes que sigam aquela sábia fórmula de *Caminho*: que tenham «a valentia de ser covardes»[3], de fugir, de distanciar-se, de não facilitar conversas nem contatos desnecessários, de manter ou de recriar no trato profissional ou social uma reserva e uma certa frieza, que não tem por

---

(3) Cfr. Josemaria Escrivá, *Caminho*, Quadrante, São Paulo, 2016, n. 132.

que cair na grosseria nem na descortesia.

Recordo-me de ter ouvido contar que um presidente da República, para evitar familiaridades impróprias por parte dos visitantes, avançava para eles com a mão direita estendida, impedindo assim um abraço, um «beijinho» ou um passar as mãos pelas costas, coisas que seriam absolutamente fora de propósito. Se isso é assim quando se trata de preservar a dignidade de um cargo, como não cuidar de preservar, já de longe, a dignidade do compromisso matrimonial?

Lembro-me igualmente do comentário que me fez um destacado empresário paulista, bom pai de família: «Nunca dou carona para a secretária. Se as pessoas pensam mal da gente mesmo quando não damos motivo, quanto mais se dermos pasto à imaginação alheia com uma coisa dessas!» É a prudência que fala. Não se pode dar pé nem a «falatórios» nem a ocasiões provocativas. Neste terreno, aplica-se perfeitamente o antigo ditado: «A ocasião faz o ladrão».

Paralelamente, é preciso fazer o esforço por renovar o amor conjugal, o amor aos filhos, ao lar. É tão bonito ver na carteira de um homem casado a fotografia da mulher e no carro o retrato da família inteira com aquele aviso «Papai, não corra»..., que poderíamos e deveríamos traduzir aqui por: «Papai, não faça besteiras. Papai, guarde o coração. Papai, pense em nós, pense na mamãe»...

A sabedoria grega já nos deu também recomendações parecidas. Homero, na *Odisseia*, conta como Ulisses, para ser fiel a Penélope, ao chegar o momento crítico, prevendo que poderia ser atraído pelo canto irresistível das sereias, colocou cera no ouvido dos seus marinheiros e mandou que o atassem ao mastro do navio com a recomendação de que não obedecessem às suas ordens enquanto estivesse sob o feitiço daquelas melodias embriagadoras. Os marinheiros obedeceram-lhe e, apesar dos seus gritos aflitivos, não o desataram. Foi assim que todos se salvaram e, depois de um transe tão perigoso, comemoraram a vitória com júbilo entusiasmado. Penélope, por sua vez, esperava por Ulisses contra todas as evidências, dando delongas engenhosas aos seus pretendentes, para viver a fidelidade ao seu esposo e rei.

Quantas vezes tenho verificado que, depois de seguir as sugestões que acabo de apontar, o cônjuge tentado, logo depois de se livrar do «feitiço», dá graças a Deus pela maravilhosa família que tem e se rejubila por não ter vendido, como Esaú, a riqueza do seu matrimônio por um prato de lentilhas!

Crises por desleixo, rotina e deterioração da vida conjugal

O matrimônio deteriora-se quando não se renova, quando se permite que entre nos trilhos da rotina.

Há uma rotina indispensável e benéfica que nos permite cumprir com regularidade, constância e pontualidade os nossos deveres espirituais, familiares e profissionais. Esta rotina constrói uma estrutura de vida sólida, cria um comportamento homogêneo que nos ajuda a libertar-nos da espontaneidade meramente anárquica, dos caprichos emocionais dissolventes e perniciosos.

Mas existe uma outra rotina, a *rotina mortífera*, que

deve ser afastada como a peste. É uma rotina que, pouco a pouco, como uma sanguessuga, vai dessangrando o convívio conjugal. Todos os dias um pouco. Imperceptivelmente, endurece-nos, converte os nossos atos em algo mecânico, torna-nos autômatos, robôs sem vida, extingue o calor e a alegria de viver e de amar. Esta rotina provoca um desgaste progressivo na vida familiar, uma perda de energias, uma espécie de anemia vital que torna a existência cinzenta, anódina, incolor.

Lembro-me daquela música dos anos 60 cantada por Ronnie Von: «A mesma praça, os mesmos bancos, as mesmas flores, o mesmo jardim, tudo é igual, assim tão triste...» Alguns poderiam queixar-se, de forma semelhante: «A mesma esposa, a mesma família, o mesmo trabalho, a mesma paisagem, a mesma "droga de sempre"... É tudo tão triste e cansativo...»

Talvez se consiga continuar caminhando mesmo assim. Externamente, o casal vai mantendo as aparências, como um móvel visitado pelo cupim, corroído por dentro. Por fora, nada se percebe, mas de repente tudo desmorona, os cenários desabam, as fachadas caem e aparece um panorama desolador «Meu Deus, toda a minha vida, daqui para a frente, vai ser igual»... E entra-se numa espécie de letargia mortífera. Muitas infelicidades, muitas crises conjugais, muitas deserções são provocadas por esse fenômeno.

Quando na nossa vida diária não «contemplamos o amor», não renovamos o amor, caímos nessa rotina que mata. Os mesmos bancos, as mesmas flores, o mesmo jardim, a pesada monotonia do que é sempre igual, deve-se – como dizia ainda a canção – a que «não tenho você perto de mim». Quando o amor está ausente, tudo é tão triste...!

Você talvez já tenha passado por uma experiência parecida. Estava trabalhando numa tarefa extremamente enfadonha, repetitiva, rotineira... e pensava: «Tomara que termine logo»... De repente, alguém que você ama muito pôs-se ao seu lado e disse-lhe: «Deixe que lhe dê uma mão. Ao menos, deixe-me ficar com você até terminar»... E, naquele momento, você murmurou: «Tomara que não termine nunca!» As mesmas circunstâncias mudam substancialmente quando o amor está presente. A *mesma* família, a *mesma* esposa..., mas tudo é diferente porque se soube remoçar o amor: as pupilas, dilatadas pelo amor de Deus, pelo amor ao cônjuge e aos filhos, conseguem enxergar uma *nova* família, uma *nova* esposa, um *novo* trabalho todos os dias.

O poeta francês Lamartine passava horas a fio olhando sempre para o mesmo mar. Alguém lhe perguntou certa vez: «Mas não se cansa de olhar sempre a mesma vista?» – «Não – respondeu–; por que será que todos veem o que eu vejo e ninguém enxerga o que eu enxergo?» A sua alma de poeta permitia-lhe ver realidades diferentes nas paisagens de sempre. A alma contemplativa que o amor nos confere dá-nos também essa acuidade espiritual que nos permite ver mundos novos por trás das aparências sempre iguais do monótono viver diário. Em contrapartida, quando não existe uma viva preocupação por renovar o amor como o fator mais importante da vida conjugal e familiar, aparecem esses matrimônios corroídos pela monotonia.

Lembro-me do Gilberto e da Cida. Acompanhei as

suas vidas desde o início do casamento. Amavam-se muito. Gilberto, jovem advogado que achava lindíssima a sua «Cidinha», trabalhou muito e prosperou. Aconselhava-se espiritualmente comigo.

Depois de catorze anos de casamento, Gilberto disse-me um dia:
– O meu casamento entrou em crise. Morro de tédio e monotonia. Todos os dias, quando me levanto, vejo a Cida despenteada, sem se arrumar, horrorosa, com os pés enfiados nuns chinelos horríveis que não troca faz quinze anos, arrastando-se pelos corredores, cansada... Abro a porta do quarto e encontro as crianças, que já são adolescentes, discutindo, brigando... A minha casa parece um zoológico...

«Depois, chego ao escritório e encontro lá a Mônica, uma estagiária. O panorama muda da água para o vinho. Ela é encantadora. Acho que tem uma queda por mim... Aproxima-se, charmosa...: "O senhor parece cansado...; não quer que lhe traga uma aspirina com uma coca-cola?" E afasta-se com um andar cadenciado que me arrebata... Estou perdendo a cabeça... Em casa, sinto-me acorrentado... Tenho necessidade de libertar-me. Por que condenar-me à prisão de um amor que já morreu? O contraste entre a Mônica e a Cidinha é muito forte... Não sei, não... O que me aconselha?...

– Eu lhe daria quatro conselhos – respondi –, mas preciso antes que você me diga se está disposto a cumpri-los.

– Sempre aceitei e pratiquei os seus conselhos, e não é agora, neste momento crítico, que deixarei de segui-los!

– O primeiro – prossegui –, é que mande embora a estagiária...

– Não! Isso não!

– Prometeu seguir os meus conselhos... Ao menos, dê--lhe trinta dias de férias remuneradas...

– Isso sim, posso fazer...

– Em segundo lugar – acrescentei –, leve o seu filho mais velho à igreja em que você se casou, e, diante do altar e do sacrário onde você prometeu à Cida que a amaria até que a morte os separasse, diga ao seu filho que pensa trocar a mãe dele pela Mônica... Já imaginou o que lhe responderá esse seu filho, que lhe parece um «bicho do zoológico», mas que ama o pai mais do que tudo no mundo? Quer que lhe diga?: «Pai, esperaria qualquer coisa de você, menos que fizesse uma *cachorrada* dessas com a minha mãe»...

– O senhor está sendo duro demais – retrucou o meu amigo.

– Não. Pense que estou apenas adiantando o que, muito provavelmente, lhe dirá o seu filho...

«Terceiro conselho: olhe a Cida com outros olhos, como a mãe dos seus filhos, como aquela que perdeu a juventude e a beleza ao seu lado, que já fez o papel de enfermeira – quantos remédios ela já não lhe levou à cama! –, mãe e companheira amorosa; e, especialmente, recomendo que aprofunde mais na sua vida espiritual, que está muito desleixada: daí tirará forças. E, por último, antes de ter essa conversa com o seu filho, espere que eu fale com a Cida... Diga-lhe que marque uma hora comigo...

Veio a Cida, toda inocente, desarrumada, despenteada:

– Cida, por favor, arrume a «fachada» e... compre outros chinelos!

A Cida era inteligente. Foi ao cabeleireiro, comprou roupas novas, uns chinelos novos, tornou-se mais carinhosa com o Gilberto, preparou as «comidinhas» de que ele gostava... e terminou «reconquistando» o marido.

Quando a Mônica voltou de férias, o Gilberto dispensou-a sumariamente.

Hoje, Gilberto e Cida são muitos felizes. O filho mais velho formou-se em Engenharia. Nem suspeita de nada. Continua adorando o pai, como os demais irmãos. Muitas vezes penso o que teria acontecido a essa família se o Gilberto se tivesse deixado enfeitiçar pelo canto da sereia.

É evidente que nem o marido nem a mulher devem permitir esse desgaste. A monotonia densa, pesada, que torna a vida uniforme, insípida, tediosa, insustentável, venenosa, reclama clamorosamente uma renovação.

Outra recordação que talvez seja útil. Um amigo veio-me fazer uma confidência sobre as «amarguras» do seu casamento:

– A Elizabeth está esquisita, anda queixando-se continuamente de *stress*; sente-se abafada dentro de casa; diz que não tem horizontes...

– Mas ela era alegre, animada, esportista... Por que você não tem a coragem de perguntar-lhe à queima-roupa: «Que você gostaria de fazer um dia qualquer deste mês? Diga, por favor, rapidinho»...

Ele fez a experiência e ficou «bobo»:

– Ela começou a pular e rir como uma criança... «Você fala a sério? Eu quero ir à praia de Búzios e comer uma suculenta *peixada* depois *daquele* banho de mar, no mesmo quiosque onde nós íamos namorar...» Quando eu concordei, rindo, foi como se o véu da desmotivação que cobria o seu rosto caísse por terra num instante. Fomos à praia, almoçamos como quando éramos namorados... e regamos a «peixada» com uma cerveja geladinha... O senhor quer saber de uma coisa? Ela não arreda pé... Cada trinta dias me pergunta: «Vamos a Búzios?» Faz dois meses que não discutimos. Ela está muito bem disposta... parece que o cansaço acabou...

Renovar-se ou morrer, dizem os franceses; é preciso superar essa sequência cinzenta de dias e semanas; é mister uma renovação de ideias, projetos e programas de vida, introduzindo em cada semana uma pequena novidade, um passeio, um jantar fora de casa, um «dia azul»... e a cada biênio um novo roteiro de férias, uma pequena reforma na casa; e, para as mulheres especialmente, uma *renovação* da fachada, do visual, do penteado..., esforçando-se por estar sempre atraentes, dentro de casa ainda mais do que fora, a fim de conquistar e reconquistar o seu marido todos os dias.

Mas o que é mesmo absolutamente necessário é o fortalecimento espiritual. Como já dissemos, é do fundo da alma que brotam, como de uma fonte, novas perspectivas de vida. O Espírito Santo permite, como diz a Sagrada Escritura, que *a nossa juventude se renove como a da águia*! (Sl 102, 5). Todo o amor genuíno, seja qual for a sua natureza, tem em Deus o seu fulcro e o seu término. Por isso, o problema da monotonia, do cansaço, do desgaste do amor conjugal encontra no amor de Deus o estopim da sua renovação: é o amor a Deus, vivido no meio dos afazeres diários, que dilata as nossas pupilas para que possamos, como Lamartine, encontrar no mar da família perspectivas novas, e no rosto do outro cônjuge os valores esquecidos.

Um caso que ilustra esta verdade. O marido – que já

tinha passado dos sessenta, e ela idem – vinha-me dizendo havia anos que não suportava mais a mulher, que conviviam, mas trocavam poucas palavras, e que iam à Missa e faziam as suas orações cada um por sua conta. Mas ele sofria com esse seu modo de ser, pouco flexível em questões domésticas, e lutava por vencer-se. Um dia, porém, chegou com um largo sorriso: «Sabe? Desde há um mês, voltamos a rezar juntos, minha mulher e eu». Parece uma bobagem, mas esse gesto comum – rezar juntos – derrubou as barreiras. No início custou, mas pouco a pouco converteu-se no sinal mais claro e mais seguro da reversão de uma crise matrimonial que se vinha arrastando, surda e tristonha, havia décadas.

Crises por ressentimento (I)

Quem não guarda ressentimentos no baú da sua memória? Esta pergunta foi-me feita, certa vez, por um professor universitário de extrema sensibilidade... E é uma pergunta que revela uma realidade: não é difícil encontrar pessoas que reúnem todas as condições para serem felizes e, no entanto, não o são porque os ressentimentos envenenam o mundo da sua afetividade. Max Scheler diz, muito a propósito, que «o ressentimento é uma intoxicação psíquica»[4].

A palavra *ressentimento* é bem expressiva. Indica que uma ofensa recebida, além de provocar uma emoção negativa no momento, fica como que alojada na memó-

---
(4) Max Scheler, *El sentimiento de la moral*, Caparrós, Madri, 1993, pág. 23.

ria: volta uma e outra vez, com a mesma intensidade ou maior, ao campo da sensibilidade, apesar da passagem do tempo. No dizer de Scheler, consiste «num voltar a viver a mesma emoção: num voltar a sentir»[5]. É algo muito diferente da mera recordação, pois esta não se traduz em novas reações emocionais negativas, não é uma *retenção das emoções*, mas apenas uma simples lembrança. Já o ressentimento é um *re-sentir*, um sentir e tornar a sentir a própria ferida aninhada no mais íntimo, como um veneno que altera a saúde interior.

Os ressentimentos são, portanto, um *estado*, isto é, uma situação afetiva – emotiva – permanente, e podem resultar tanto de ações – agressões, insultos, calúnias... – como de omissões – falta de agradecimento, de atenções, carinhos e elogios que se esperavam e não se concretizaram.

Podemos distinguir entre ressentimentos que têm consistência *objetiva* e outros que têm uma índole puramente imaginária, *subjetiva*. Na maioria dos casos, as causas que provocaram os ressentimentos são reais, objetivas, embora normalmente não tenham sido pretendidas pelo agressor; resultam de pequenos esquecimentos, grosserias que não pareciam «nada de mais», palavras exageradas pronunciadas num arrebato de cólera, um trato exageradamente caseiro e «natural», uma incapacidade de pôr-se no lugar do outro... A seguir, a imaginação do ofendido amplifica e distorce esses incidentes, encadeando-os uns nos outros e enxergando neles uma intenção de ofender ou pelo menos uma frieza ou indiferença que muitas vezes não existe, até chegar a atingir – nos casos mais pro-

---

(5) Max Scheler, *El sentimiento de la moral*, Caparrós, Madri, 1993, pág. 19.

blemáticos – a intensidade de um «complexo de perseguição» quase paranoico. Quando as coisas chegam a esse ponto, praticamente qualquer gesto ou mesmo olhar da parte «ofensora» é interpretado de forma distorcida, de acordo com o «sistema de interpretação» arquitetado pela imaginação do ofendido... E forma-se um nó interior em que realidade e falsidade se confundem de tal forma que se torna muito difícil deslindá-las.

Por outro lado, é preciso levar em consideração também o *tipo de sensibilidade* da pessoa que tem tendência a ressentir-se. Há pessoas, duras, pouco sensíveis, que dificilmente sofrem de qualquer ressentimento; há pessoas com um padrão de sensibilidade médio, que têm ressentimentos de pouca intensidade e duração; e há as hipersensíveis, que são as que mais sofrem com ressentimentos de longa duração. Ao julgar as crises conjugais causadas pelo ressentimento, é preciso ter presente esta diversidade de temperamentos, sem nunca esquecer que a mulher é habitualmente mais sensível que o homem.

Detivemo-nos nesta explicação prévia porque, segundo a minha experiência, aqui se encontra a origem de uma parte não pequena dos conflitos afetivos. Poderia trazer à baila um bom número de casos.

Recordo-me, por exemplo, do que me disse não faz muito tempo uma senhora: «Trago comigo uma mágoa muito grande que não consigo arrancar... Lembro-me muito bem: foi em 1987... O meu marido simplesmente se esqueceu do meu aniversário! Veja lá se pode...!» Não sei se lhe disse ou se simplesmente pensei: «Minha senhora, catorze anos de sofrimentos são um preço excessivo a pagar por um bolo de aniversário!» Catorze anos!

Tentei suavizar a situação reconhecendo que esse esquecimento era triste. Mas disse à minha interlocutora que devia considerar também os inúmeros esquecimentos que nós – ela e eu e todos – temos diariamente para com Deus e que Ele nos perdoa silenciosamente, sem necessidade de muitos pedidos de desculpa: quantas vezes não deixamos passar em branco o aniversário do nosso Batismo, em que o Senhor veio viver no nosso coração; da nossa primeira Eucaristia; aquelas graças tão especialmente concedidas... «Deus esquece e perdoa. Por que não faríamos nós o mesmo?»

Haveria muitos outros exemplos a recordar. O do marido que não perdoava à esposa certa ocasião em que convidara o chefe para jantar em casa e ela o olhara – segundo lhe parecia – de forma excessivamente meiga e lhe apertara a mão – assim pensava de maneira demasiado carinhosa; e a confirmação estava em que o chefe, no dia seguinte, tinha comentado: «A sua esposa é tão simpática...» Ou o da mulher que nunca deixava de recordar ao marido que, quando eram recém-casados, ele não lhe telefonara uma única vez durante a primeira viagem de negócios que fizera... Ou o daquela outra que não conseguia tirar da cabeça as palavras grosseiras que o marido lhe dirigira durante a sua primeira gravidez: «Depois que você ficou grávida, não sabe fazer outra coisa senão reclamar...!» E a ladainha poderia continuar ilimitadamente.

Sem querermos fazer aqui uma redução empobrecedora, é preciso reconhecer que a *causa ativa, objetiva*, dos ressentimentos é, na maior parte dos casos, a falta de delicadeza dos homens; e que a *causa passiva, subjetiva*, é a sensibilidade das mulheres. Aliás, quase todas as mulheres, mesmo as que não sofrem de grandes ressentimentos, dirão que é surpreendente verificar como os noivos são extremamente românticos antes do casamento e terrivelmente insensíveis depois: é como se a parte do seu cérebro destinada a captar a dimensão afetiva tivesse sofrido uma necrose...

Comecemos por examinar, em primeiro lugar, as responsabilidades da parte ativa. Smalley, baseado numa ampla série de entrevistas, traça uma lista de oito maneiras principais pelas quais os maridos machucam ou ofendem as suas esposas:

1. *Criticam-nas habitualmente* («Ele é ótimo para descobrir os meus defeitos, mas, para os dele, é uma verdadeira «toupeira»...»), sem nunca atenuar essas críticas com mostras de compreensão e carinho.

2. *Não prestam atenção* ao que elas dizem ou pensam («Acho que só conseguirei atrair a sua atenção se aparecer naquele programa de TV da sua preferência»).

3. *Não assumem a sua parte* nas tarefas domésticas («Ele acha que a sua única responsabilidade consiste em trazer o cheque do pagamento no fim do mês»).

4. *Desconsideram* as necessidades e desejos da esposa em função dos próprios gostos e atividades («Quando preciso dele, está sempre ocupado; mas nunca lhe falta tempo para assistir à TV, navegar na Internet, ler o jornal ou sair com os amigos»).

5. Tentam *explicar* à mulher por que ela está machucada ou ofendida, ao invés de procurarem *entendê-la e confortá-la* («Os homens são excelentes para dar cursos completos sobre como resolver todos os assuntos e pro-

blemas, sobretudo aqueles que nunca experimentaram nem sofreram»).

6. *Agem como se fossem superiores, e as mulheres inferiores* («Tenho a impressão de que Deus me criou para ser o capacho dele»).

7. *Mostram preferência por outras pessoas*, especialmente os próprios familiares («Ele nunca me defende diante dos outros, e sempre os defende quando ouso fazer-lhes qualquer crítica»).

8. *Nunca se afastam dos trilhos* para acrescentar um pouco de afetividade e ternura à convivência conjugal[6].

Quando um marido se comporta assim habitualmente, pode estar fazendo nascer uma crise subterrânea *sem ter a menor suspeita do que está acontecendo*, do tipo de reação emotiva que está provocando na esposa. Na maior parte dos casos, dirá: «Mas eu não pretendia..., não tinha a menor intenção...» É preciso ter em conta o que dizíamos acima sobre as diferenças de atitude entre os sexos: um tom de voz ou um gesto de desprezo, que para o homem não significam nada, representam uma verdadeira afronta para o «radar afetivo» feminino, muito mais sensível que o masculino. O homem, às vezes, justifica-se alegando: «São coisas de mulheres...», ou «Por uma bobagem dessas você começa a chorar?... Parece que estou convivendo com uma criança mimada», e outras «finuras» do mesmo estilo.

Lembro-me da Kátia, enfermeira no Rio de Janeiro. Quando a sua mãe ficou seriamente doente, ela trocou as suas horas cotidianas no hospital por cinco dias comple-

---

(6) Adaptado de Gary Smalley, *For Better or for Best*, págs. 15-20.

tos por semana passados junto da mãe, que morava em Petrópolis. Sofreu muito ao seu lado. Quando regressou a casa, ainda angustiada, esperando do marido uma palavra de aconchego – ele nem tinha telefonado para saber como se encontrava a sogra –, encontrou um panorama desolador: cinco dias de louça suja acumulada na copa, cinco dias de cinzeiros cheios e cinco dias de bagunça generalizada... Quando chegou à sala, o marido, sem tirar os olhos do programa de notícias da televisão, disse-lhe: «Ainda bem que você voltou: este lugar está parecendo um depósito de lixo...» Compreenderemos facilmente como se sentiu a Kátia: como o próprio pano de chão...

Outro caso: Conceição é a típica mãe de família e dona de casa que só tem um ideal na cabeça: tornar feliz o marido e os filhos. Para poder ajudar melhor a família – levar os filhos à escola, fazer as compras no supermercado... –, aprendeu com muito esforço a dirigir o carro. Foi uma festa quando chegou a casa com a carteira de motorista. Algumas semanas depois, teve uma fatídica infelicidade: ao dar a ré para sair da garagem, bateu num poste... Ficou arrasada. Não sabia como havia de encarar o marido. E foi o próprio marido que a encontrou assim, paralisada, ao volante, com o carro mal estacionado na calçada em frente da casa. Ela estava esperando uma palavra de ânimo: «Isso acontece, não tem problema, fique sossegada, meu bem...» O marido, contudo, teve exatamente a reação contrária. Começou a gozar dela: «Bem que eu dizia: você deu uma propina ao examinador para conseguir a carteira... Sinceramente, o seu lugar é a cozinha».

Conceição contava-me esse incidente chorando:

– Fiquei arrasada... No fim das contas, da manhã até a noite, «dou duro» por ele... Sinto vontade de «cobrar» todas as suas trapalhadas... Quanta louça já deixou cair no chão... Na semana passada, estragou a máquina de lavar roupa, simplesmente por impaciência e afobação... Sim, vou cair em cima dele na primeira «pifada» que der...

— Não faça isso, Conceição — aconselhei-a—; isso é pagar com a mesma moeda, colocar-se no mesmo nível de grosseria... É preciso afogar o mal num mar de bem..., com amabilidade, com paciência, com abnegação... Só assim, ao longo do tempo, você poderá dar-lhe a lição que ele merece e fazê-lo mudar...

Não faltam, realmente, homens de «casca grossa» (embora, do jeito que está a maré, também já haja mulheres que mais parecem sargentos de cavalaria), em parte porque se acomodaram com a sua «conquista» depois do casamento e consideram a mulher como algo tão «evidente», tão habitual, tão rotineiro que não necessita de atenção especial. Não é grotesco reparar que certos homens cultos, bem-sucedidos e inteligentes, que tratam com extrema consideração e delicadeza os empregados e empregadas, clientes e colegas de negócios, em casa se transformam em autênticos ouriços?

Um tratamento rude habitual por parte do marido gera feridas interiores, sentimentos de dor, vergonha e humilhação que, se não forem curados, desembocam em ressentimentos e rancores trancafiados nos porões da alma, e que lá crescem oculta e incessantemente. Com não pouca frequência esses estados emotivos geram por parte da esposa atitudes frias, monossilábicas, que tornam a convivência matrimonial extremamente difícil. Às vezes, o marido, ao reparar finalmente nessa atitude da esposa — distante, fechada como uma ostra —, ensaia alguns expedientes meramente protocolares, convencionais. São frases tão conhecidas como: «Desculpe qualquer coisa»... «Voltei muito cansado do trabalho, não queria magoá--la»... «Fui um tanto quanto indelicado»..., mas que são completamente incapazes de mudar o quadro.

Quando se prolonga por muito tempo, uma situação dessas pode tornar-se insuportável. O marido culpa a esposa pela sua frieza, sem perceber que é ele o causador; e a esposa, por sua vez, não consegue abrir-se com ele e explicar-lhe com clareza o que está sentindo, pois pressupõe – às vezes com razão, outras sem – que ele não a compreenderia: é um verdadeiro *clinch* psicológico. A maioria das separações ditas «por incompatibilidade de caracteres», em que nenhuma das partes consegue identificar com clareza os motivos ou estes parecem absolutamente insuficientes para explicar por que se separaram, nasce desse tipo de crises.

É preciso proclamar bem alto que isso não é verdade, que para essas crises, para essa *intoxicação psíquica* que vai pouco a pouco matando um amor que era tão grande, existe uma solução.

Na maioria das vezes, essa solução começa pela parte ativa, pelo marido. Tudo está em que ele consiga abrir realmente o seu coração, dando assim oportunidade à esposa para que também ela o abra. Tem de começar por reconhecer plenamente a sua falta de sensibilidade e, mais ainda, que sem ajuda é incapaz de crescer nessa virtude. Deve pedir perdão à esposa com rasgada sinceridade, e mostrar-lhe sem disfarces que a ama profundamente e tem necessidade dela: há ressentimentos tão intimamente escondidos que só se podem sarar com jatos de afetividade lançados com forte pressão, até o mais profundo da alma. E, em terceiro lugar, deve demonstrar-lhe que está disposto a mudar, esforçando-se por banir os comportamentos ofensivos com verdadeira abnegação. Voltaremos a este assunto mais adiante, ao falarmos dos meios para prevenir e remediar as crises.

Insisto, porém, em que é preciso conseguir que reine em casa um ambiente de extrema delicadeza no trato mútuo por parte de ambos os esposos. Não se pense que ao recomendar esta virtude estejamos fomentando um clima doméstico empetecado, «rococó», protocolar: absolutamente não! Tem de haver à vontade, naturalidade e simplicidade, mas essas virtudes não estão brigadas com o esforço habitual por pensar no bem-estar do cônjuge nem, por outro lado, com a fortaleza necessária para «encaixar os golpes» que necessariamente ocorrerão. O que é importante, sobretudo, é que a delicadeza manifeste e traduza claramente a *realidade do afeto* que une os consortes. Todos os dias, o marido deve dizer à esposa – e a esposa ao marido – *com o seu comportamento*: «Abaixo de Deus, não há nada mais importante para mim neste mundo do que você».

Crises por ressentimento (II)

Examinemos agora o papel que desempenha a parte *passiva*, que é geralmente – mas não exclusivamente – a parte feminina, pois há homens tão suscetíveis que parecem uns adolescentes melindrosos. Comecemos por explicitar as causas que levam essas pessoas a guardar na memória um bom estoque de ressentimentos.

A tendência de um homem ou uma mulher a girarem torno de si mesmo, a converter o próprio *ego* no centro dos pensamentos e no ponto de referência de todas as ações – o *egocentrismo* –, é o principal aliado do ressentimento. A pessoa egocêntrica, na medida em que dá excessiva importância a tudo o que se refere a si mesma, torna-se extremamente vulnerável: concentrada sobre si própria, converte-se numa espécie de caixa de ressonância que multiplica desproporcionadamente qualquer afronta recebida.

Por isso, adverte Rojas, «uma das coisas que mais entristecem o homem é a egolatria, origem muitas vezes de sofrimentos inúteis, produzidos por uma excessiva preocupação por tudo o que é pessoal»[7]. No mesmo sentido, São Josemaría Escrivá afirma que «as pessoas em cuidado consigo mesmas, que agem buscando acima de tudo a sua própria satisfação [...], são inevitavelmente infelizes e desgraçadas. Só quem se esquece de si mesmo e se entrega a Deus e aos outros [...] pode ser feliz na terra, com uma felicidade que é preparação e antecipação do céu»[8].

Aliada ao egocentrismo, encontramos a *hipersensibilidade*: essa característica peculiar, temperamental e inata, de um determinado sistema emocional, unida às vezes a uma forte carência afetiva, faz a pessoa reagir com uma intensidade desproporcionada às possíveis afrontas e ofensas, que mais tarde, guardadas no íntimo, se convertem

---

(7) Enrique Rojas, *Una teoría de la felicidad*, Dossat, Madri, 2000, pág. 235.
(8) Josemaria Escrivá, *É Cristo que passa*, Quadrante, São Paulo, 2014, n. 24.

em ressentimentos insuperáveis. O cansaço e a doença podem com frequência aumentar a sensibilidade e a tendência a reter e remoer as experiências negativas, mesmo em pessoas que normalmente não são hipersensíveis.

Também a *imaginação* desempenha aqui um papel importante, pois costuma influir de maneira determinante na concretização do ressentimento: ofensas que não têm grande entidade são agigantadas de forma gratuita pela imaginação, e outras que nasceram unicamente de faltas ou distrações involuntárias da outra parte são atribuídas a uma má intenção que na realidade não existe. Como o de alguém que pensa que o outro não *quis* cumprimentá-lo, quando este, na realidade, por estar preocupado com algum problema ou absorvido por uma dor qualquer, nem chegou a dar-se conta da sua presença. «A maioria dos conflitos em que se debate a vida interior de muita gente – escreve também São Josemaría Escrivá – é fabricada pela imaginação: É que disseram..., é que podem pensar, é que não me consideram... E essa pobre alma sofre, pela sua triste fatuidade, com suspeitas que não são reais»[9].

Esse conjunto de características, quando presente numa mesma pessoa, gera com frequência uma forte tendência para a autocompaixão, o *vitimismo*, que, além de fazer a própria pessoa sofrer inutilmente, também inferniza a vida do cônjuge, tornando extremamente difícil

---
(9) Josemaria Escrivá, *Amigos de Deus*, Quadrante, São Paulo, 2014, n. 101.

a convivência[10]. E necessário, por isso, aplicar-lhe com urgência o antídoto adequado.

É necessário contrabalançar o impacto emocional da ofensa com uma *reflexão* ponderada que venha a descobrir os motivos e as raízes do agravo. A pessoa deve estar sempre atenta às armadilhas que a sua imaginação lhe cria, esforçando-se por cultivar a objetividade, para não enxergar, como o Quixote, gigantes por trás de meros moinhos de vento. E deve ter a valentia de reconhecer que, muitas vezes, a causa da «injúria» que sofreu é... ela mesma, ou, pelo menos, determinada falha do seu caráter.

Há três semanas, uma senhora bem casada que tem quatro filhos estudando em colégios particulares – uma despesa nada pequena... – contou-me, revoltada, que nunca perdoaria ao marido o fato de lhe ter tirado o cartão de crédito e cancelado a sua conta bancária. Conhecendo o marido – um bom advogado fiquei surpreso. Conversei com ele em particular. Estava angustiado: tinha dívidas vultosas e não sabia como pagá-las. Comentou-me que a mulher era uma «perdulária» – essa foi a palavra que usou–; gastava demais, não levava a conta das despesas. Tinha-a advertido muitas vezes! Agora, com o coração partido, tivera que tomar essa medida.

Voltei a falar com a esposa, informei-a sobre as dívidas e a sua reiterada propensão para gastos desmedidos; referi-lhe a situação angustiosa em que se encontrava o ma-

---

(10) Cfr. Francisco Ugarte, *El resentido*, em *Istmo*, México, abril de 2000, pág. 26.

rido... Depois de um breve espaço de silêncio, a senhora começou a chorar... Reconheceu a sua tendência esbanjadora e pediu-me que rezasse para que Deus a ajudasse a mudar de hábitos. Quanto a perdoar o marido..., era evidente – ela mesma o disse – que nada havia a perdoar; era ela quem tinha de pedir-lhe perdão!

A reflexão, neste caso, transformou o ressentimento numa atitude de superação. A inteligência tem que exercer o seu poder, que não é uma imposição, sobre as emoções: não é capaz de eliminar mágoas, mas, com tempo e paciência, pode atenuá-las e mesmo reforçar o afeto. Aristóteles falava de um domínio político e não despótico do racional sobre o sensível.

Quando a pessoa tende a pôr-se no papel de «vítima», de herói trágico «esmagado pelo destino cruel» ou por um cônjuge impiedoso, ou a exagerar o seu «sacrifício abnegado» pelos outros, a reflexão deveria levá-la a desconfiar de si mesma, a recordar o imenso número de casos em que foi ela quem «meteu os pés pelas mãos», a desinflar, enfim, o seu *eu* agigantado. E, ao comparar o que ela é na verdade com aquilo que imaginava ser, muitas vezes nascerá no seu íntimo uma enorme e libertadora gargalhada. Não se levar muito a sério e rir muitas vezes de si mesmo: essa é talvez a melhor cura para uma imaginação desenfreada.

Por outro lado, a *vontade*, a firme determinação, tem que saber impor determinadas barreiras para que os ressentimentos não envenenem o coração. É muito importante tomar esta decisão: «Vou esquecer, vou perdoar, é impróprio de um cristão guardar mágoas no coração. Chega!» Gandhi, perante as agressões dos seus inimigos, afirmava: «Ninguém pode tirar-nos o autorrespeito se ele

não depende da opinião que os outros façam de nós.»
E Eleanor Roosevelt costumava também dizer: «Ninguém pode ferir-te interiormente, se tu não o permites».

Muitas vezes, a pessoa ressentida pode ter a impressão de que não é capaz de perdoar, de que não tem forças para fazê-lo. É preciso, por isso, que se dedique a fortalecer a sua vontade através das virtudes da abnegação, da fortaleza e do esquecimento próprio. Sobretudo, tem de saber aguentar o tempo que seja preciso até estar em condições de, num arranque de generosidade, lançar para fora do seu coração todas as mágoas e ódios acumulados. É um trabalho de longa paciência.

Neste sentido, pode ser útil ter presente que o primeiro e principal prejudicado pelos ressentimentos é a própria pessoa. Alguém dizia acertadamente que «o ressentimento é um veneno que eu tomo pensando que estragará a vida do outro». O veneno destrói o organismo do ressentido em forma de mágoa, frustração, tristeza e, talvez, ódio ou desejos de vingança. Tudo isto é dissolvente, intoxicante, mortal[11].

Mas, sobretudo, há um «filtro» extraordinariamente eficaz para não permitir que os agravos se instalem, se enquistem no nosso coração como tumores; é aquela convicção de São Francisco de Assis que o fazia dizer: «Eu sou o que sou diante de Deus e mais nada». Se pensarmos assim, não estaremos tão pendentes da opinião que os outros possam fazer de nós. E se por acaso o cônjuge tomar uma atitude que nos pareça ofensiva, aplicaremos essa

---

(11) Cfr. Francisco Ugarte, *El veneno del resentimiento*, em *Istmo*, março de 2000, págs. 58-61.

dor à purificação das inúmeras ofensas que nós mesmos cometemos contra Deus e que ninguém, aqui na terra, criticou ou corrigiu.

Um lar que queira paz e tranquilidade tem que banir os ressentimentos e para isso tomar as medidas pertinentes, ainda que custem, pois são *indispensáveis*.

Crises por falta de maturidade

A imaturidade é um fenômeno atual de proporções imensas. A pessoa imatura não se conhece a si própria, não sabe o que quer, guia-se mais por impulsos do que por convicções e, em decorrência, vive ao sabor dos sentimentos superficiais, dos instintos e das paixões; procede com extrema insegurança e não é capaz de assumir com responsabilidade os grandes compromissos.

Tudo isso traz consigo graves efeitos para a instituição matrimonial. Os rapazes e as moças, frequentemente, casam-se de forma imprevidente; deixam-se levar por movimentos sentimentais e passionais sem compreenderem bem as responsabilidades que assumem, e depois têm de pagar as consequências. A «aventura» do matrimônio, empreendida entre risos e champanha, termina muitas vezes entre soluços e lágrimas.

Estou pensando agora naquela menina bonita, muito bonita, mimada, caprichosa, imaginosa e fantasista. Fazia sucesso entre os rapazes. Namorou inúmeras vezes. Foi passando o tempo. Tudo lhe sorria. Mas quando chegou aos vinte e sete anos, reparou que podia ficar solteira. Começou a preocupar-se. E simplesmente lançou-se à caça de um *bom partido*. Um rapaz pacato, de família rica, caiu nas suas redes. Tiveram relações sexuais. Engravidou propositadamente. O matrimônio foi a solução mais digna. Depois dos primeiros meses, o lar tornou-se um inferno. Ela continuou a sua vida frívola e superficial, facilitada pela fortuna do marido. Sucediam-se uma após outra as aventuras amorosas. Hoje estão separados. O filho, na casa da avó. O marido, um bom rapaz, condenado a uma tristeza irremediável. Ela, um farrapo de trinta e cinco anos, mulher de todos. E ambos, com um profundo sentimento de culpa, nas mãos do psiquiatra.

Gostaria que esta história fosse inventada ou, ao menos, que fosse um caso isolado. Infelizmente, não é assim.

Essa imaturidade não tem influência negativa apenas na imprevidência com que muitas pessoas contraem matrimônio, mas também no desenvolvimento do próprio casamento, que exige, como vimos, um longo processo de adaptação que se estende pela vida fora. Falta a ponderação, o sentido da espera, a virtude da paciência ou aquilo que Beria di Argentine, que já citamos, denomina a capacidade de suportar as *tensões intermediárias* da vida:

> A sociedade moderna ficou aprisionada numa opção sem saídas: bem-estar pleno ou morte. De fato, impressiona-me cada vez mais a incapacidade de tantos, principalmente dos jovens (mas não só deles...), de aceitar tensões intermediárias. Um casamento não pode ter problemas: ou é maravilhoso, ou se desfaz. [...]
>
> Não estamos mais habituados ao esforço, ao sofrimento das tensões intermediárias: ou conseguimos

uma plenitude inatingível, ou mergulhamos na depressão e na ruína.

Como todos sabem, paciência vem de *patior*, um verbo que indica sofrimento. Se queremos dar fruto, devemos aceitar um pouco de tribulação, de paciência e de sofrimento.

É preciso acrescentar que tudo isto deriva dessa *síndrome da subjetividade* em que está mergulhada a sociedade atual. Não aceitar as dificuldades de um casamento, por exemplo [...], significa não compreender que tudo na vida é um processo objetivo e não apenas uma experiência subjetiva.

O esforço (ou, se se preferir, a paciência como sofrimento) está a serviço do objeto que se constrói – um negócio ou um casamento – através de um lento processo de criação, administração e controle dos problemas [...] que estão envolvidos na realidade de que se trate[12].

Quando duas pessoas se casam para sentir-se *subjetivamente realizadas*, e não para construir *objetivamente* uma família, quando o motivo mais forte para permanecerem unidas é «sentir-se à vontade», «estar gostando», é evidente que todo o critério para avaliar um casamento consistirá em determinar se a pessoa «se está sentindo feliz» subjetivamente, se «se está realizando afetiva e sexualmente», e não se o casal, a família, os filhos estão cumprindo objetivamente a sua missão na sociedade ou no conjunto dos planos de Deus.

---

(12) Beria di Argentine, *A síndrome da subjetividade*, pág. 23.

É por esta razão que, para essas pessoas, não faz sentido esforçar-se pacientemente por superar um problema, uma diferença temperamental ou uma crise: o sofrimento para conseguir essa superação torna-se subjetivamente incompreensível e, portanto, insuportável. Ou o prazer ou a separação. Ou tudo ou nada. Não é outra a razão da «epidemia de divórcios» a que já nos referimos: trata-se da *socialização da imaturidade*.

A síndrome da subjetividade e a socialização da imaturidade estão estreitamente vinculadas ao que certo autor brasileiro denominou a «civilização dos desejos» e que chamaríamos o *imperialismo do gostoso* ou a *ditadura do sentimentalismo*: as coisas são boas ou ruins, autênticas ou artificiais, conforme são servidas ou não ao gosto do consumidor.

A vida e o casamento não podem estar subordinados à ditadura do sentimentalismo. Os sentimentos mudam como muda a saúde, como muda... o apetite. Algo tão sério como a família não pode estar submetido a esse vaivém emotivo. O homem, no sentido mais cabal da palavra, está muito acima dessa descontinuidade instável. Tem de viver de convicções, de compromissos.

Viktor Frankl, em várias das suas obras, insiste, por ativa e por passiva, em que o sentido da vida e do amor não está no prazer. Por conseguinte, é um absurdo que alguém ame ou deixe de amar porque esse amor lhe cause prazer ou deixe de causar prazer. Só agem assim os egoístas e os imaturos. Vejamos o que nos diz textualmente esse conhecido psiquiatra vienense:

Aquele a quem a própria vida já não se encarregou

de convencer de que não se vive nem de longe para gozar a vida, e de que não se pode seguir como orientação da existência o gosto ou a «vontade», pode consultar a estatística de um psicólogo experimental russo em que fica evidente que o homem normal, dia após dia, experimenta incomparavelmente mais sensações de desagrado do que de prazer. A própria experiência cotidiana se encarrega de demonstrar-nos como é pouco satisfatório o princípio do prazer ou da «vontade de fazer uma coisa» para justificar a autenticidade do comportamento. Com efeito, se perguntamos a uma pessoa por que não faz algo que nos pareça razoável e ela nos dá como motivo que «não gosta» de fazê-lo, imediatamente consideramos essa resposta pouco satisfatória. Notamos que semelhante resposta não é, na realidade, uma resposta adequada, simplesmente porque o agradável ou o desagradável – o fato de sentir ou não gosto ou prazer – não constitui um argumento a favor ou contra a razão de ser de uma ação.

Isto não quer dizer que seja necessário prescindir do gosto, do sentimento ou do entusiasmo humanos, pois seria uma mutilação. Não. É preciso em primeiro lugar ver o que se deve fazer – «com a cabeça fria» –, e em segundo lugar procurar que, nessa decisão, o entusiasmo participe pouco a pouco – meter o coração! –, para que no fim terminem mobilizando-se todas as molas sensitivas e energias motoras da personalidade[13].

As pessoas, para decidir sobre algo tão importante

---

(13) Viktor Frankl, *La idea psicológica del hombre*, Madri, 1965, pág. 64.

como o matrimônio e a família, não podem reduzir-se a «consultar o coração» ou... o estômago. Têm de erguer o seu ponto de mira e «consultar» o mais profundo valor do ser humano: a *responsabilidade*. Toda a responsabilidade, todo o compromisso naufraga quando o último critério decisório está submetido ao *imperialismo do gostoso*.

Com frequência, a imaturidade encontra o seu *álibi* não já na simples mudança de sentimentos, mas em algo mais intelectual, mais radical: num «erro de avaliação». «O nosso casamento foi um erro, um equívoco... Nós dois erramos: eu pensava que ela era diferente, ela pensava que eu era um outro homem... Eu pensei que «o amor bastava»... Que seria sempre como quando nos casamos». Nenhuma pessoa sensata aceita uma desculpa desse gênero. A vida de uma família não pode depender de um quiproquó. Quando alguém faz um péssimo negócio por imprudência ou precipitação, tem de arcar com as consequências: ou pagar as dívidas, ou ficar «marcado» comercialmente, ou ir para a cadeia... Da mesma forma, quando alguém alega que houve um equívoco no seu casamento, tem que assumir esse erro: assumir a palavra dada, a responsabilidade para com o cônjuge e dos filhos; em hipótese alguma tem o direito de «sair pela porta do fundos», fugindo como um covarde para tentar encontrar a felicidade num novo romance..., contentando-se – que hipocrisia! – com pagar a pensão determinada judicialmente.

Ortega y Gasset corrobora o que acabamos de dizer quando afirma:

> O equívoco, na maior parte desses casos, na verdade não existe: a outra pessoa é o que parecia ser

desde o princípio; só o que acontece é que depois [na convivência matrimonial] se sofrem as consequências desse modo de ser, e é a isso que chamamos o nosso «equívoco»[14].

Não foi um equívoco: foram a fraqueza, o comodismo e a inércia próprias da imaturidade que vieram a criar essa situação que hoje parece insustentável. De uma forma semi-inconsciente, a pessoa ocultou aos próprios olhos – como o avestruz esconde a cabeça na areia – uma realidade conhecida da qual não queria tomar consciência; foi escondendo a sujeira debaixo do tapete e, com o tempo, com o decorrer da vida conjugal, ela foi fermentando, até encher o lar de um cheiro insuportável.

Carlos Llano, no seu estudo *Viaje al centro del hombre*, assinala três qualidades fundamentais para se chegar à maturidade humana necessária para construir um matrimônio no sentido próprio da palavra:

– *Capacidade de compromisso*: a pessoa humana é uma jubilosa fonte de compromissos profundos, sérios e inamovíveis, compromissos que o homem no sentido cabal da palavra assume com valentia e decisão. Se não há capacidade de compromisso, não há maturidade. O homem mede-se pela sua capacidade de compromisso.

– *Capacidade de renúncia*: o compromisso implica renunciar a tudo aquilo que é incompatível com o objeto com que me comprometi. A renúncia é a grande ausente da nossa civilização. Quem não é capaz de re-

---

(14) Ortega y Gasset, *Estudios sobre el amor*, pág. 149.

nunciar à moda é porque carece de um projeto de vida, porque absorve tudo sem discernimento.

– *Capacidade para o dom de si*: a entrega de si mesmo não é só uma atitude de seres livres, mas o exercício mais nobre e perfeito da liberdade; não é só o ato fundamental para a educação da nossa liberdade: é o ato educativo por excelência.

Compromisso, *renúncia* e *entrega* são os *valores mínimos imprescindíveis* para que o indivíduo, o casal e a família possam fazer frente à sociedade hedonista, permissiva, impessoal e pessimista em que vivemos[15].

É por essas três qualidades indispensáveis para a necessária maturidade que devemos pautar não só a preparação dos jovens para o casamento como a mentalidade dos que já estão casados: a renúncia e a entrega são uma decorrência natural do compromisso. Quem não estiver disposto a renunciar aos gostos pessoais e entregar-se ao cônjuge para torná-lo feliz, que não se case. Mas, se já se casou, que assuma o compromisso com todas as consequências: é o mínimo imprescindível que se exige de um homem e mulher adultos.

Crises causadas por amor possessivo ou por ciúmes

O egocentrismo, que está presente em todas as crises conjugais, e não apenas nas causadas pelos ressentimen-

---

(15) Carlos Llano Cifuentes, *Viaje al centro del hombre*, Diana, México, 1999, cit. em *Istmo*, fevereiro de 2000, pág. 29.

tos ou pela imaturidade, desemboca não raro num amor possessivo: a pessoa não concede ao cônjuge o valor que tem *em si*, mas o valor que tem *para si*.

Esse *amor possessivo* às vezes cresce dentro da esposa inseparável e abnegada que se entrega ao marido de corpo e alma, ou dentro da mãe estressada que não mede sacrifícios para cuidar dos filhos ou do marido: para elas – muitas vezes sem o perceberem – o marido e os filhos são um complemento da sua personalidade. Eles aumentam a auréola das suas virtudes, o esplendor da sua personalidade narcisista. Por eles se sacrificam porque, inconscientemente, satisfazem as suas necessidades maternais ou afetivas. Não existe aqui a *união solidária* própria do amor autêntico, mas uma união *simbiótica, parasitária*.

Muitos não imaginam até que ponto a atitude possessiva de um cônjuge é capaz de abafar – para não dizer afogar – o outro. Os que sofrem desse tipo de bloqueio geralmente têm um temperamento inibido, acanhado, e por isso com frequência não reclamam. A uma «superesposa» corresponde habitualmente um «inframarido», e vice-versa. Para não criar problemas, calam, suportam tudo pacientemente, não provocam rupturas, mas sofrem muito; sem querer confessá-lo, têm aversão pelo cônjuge e, de alguma maneira, desejam que ele se vá embora, que suma de vez, que desapareça.

Há lares em que o marido ou a mulher não deixam o outro respirar. Controlam tudo. Até o pensamento. O caráter possessivo da sua personalidade chega aos detalhes mais ínfimos. Nessas circunstâncias, não é difícil imaginar que a «cara-metade» se sinta fortemente tentada(o) a «pular a cerca» e a ter «aventuras» fora de casa. Seria muito conveniente que esta eventual possibilidade fosse ponderada por aqueles que já ouviram alguma vez do seu consorte esta queixa aparentemente casual: «Você é muito possessivo!»

A atitude possessiva tem uma extrema afinidade psicológica com a personalidade *ciumenta*. A pessoa ciumenta – desculpem a comparação – parece um «vampiro» que quer absorver não apenas o tempo e os sentimentos da pessoa amada, mas até o sangue e os miolos.

O menor indício de que a pessoa de quem se espera *toda* a afeição dispensa a outrem uma certa atenção ou simpatia provoca um forte sentimento de contrariedade. O ciumento vive submetido a uma tensão que oscila entre a esperança de ser amado totalmente e a suspeita de ser menos querido ou até de ser enganado. E essa tensão pode constituir um verdadeiro tormento.

Um tormento tanto para a pessoa ciumenta como para aquela que é objeto do ciúme; tormento que pode ser suportado até certo ponto, mas que a partir de determinado momento pode tornar-se – como a realidade dos fatos muitas vezes demonstra – uma situação insustentável, que abre as portas a uma profunda crise conjugal.

Copio aqui o testemunho de uma esposa que, de uma maneira extremamente apropriada do ponto de vista «técnico», reconheceu a sua tendência dominadora sobre o marido:

«Quando restituí ao meu marido toda a sua liberdade, recuperei também a minha. Foi-me dado um companheiro, não um filho. Devo ser para ele uma esposa, não um gerente que controla; uma esposa que precisa da sua ajuda, que sabe perdoar, esquecer as pequenas mágoas e ressentimentos; uma esposa que deve evitar as manipulações para modificar o comportamento do marido; uma esposa que sabe reconhecer e exterminar os seus próprios erros ao invés de inventariar os erros do marido.

Faço por isso o propósito de renunciar ao desejo neurótico de mandar no meu marido, de querer modificá-lo. E se é isto o que eu desejo, devo esforçar-me especialmente por servir de exemplo para influenciá-lo beneficamente.

Reconheço que o ciúme é o centro nevrálgico do meu problema. Parece-me um resíduo da minha estrutura infantil. Como uma criança, quero ter tudo, quero possuir tudo, quero satisfazer os meus gostos. O ciúme não é amor; é posse. O ciúme não faz crescer; é doença, neurose. Faz sofrer quem o possui e quem o experimenta. Viver com uma pessoa ciumenta significa na verdade não ter vivido. O ciúme é uma blasfêmia contra a imagem da divindade que existe em nós».

Essas palavras deveriam ser meditadas repetidas vezes por aqueles que sofrem dessa «neurose». Em todas as suas manifestações, não encontramos nela a verdadeira expressão do amor maduro, mas apenas a sua forma incipiente ou larvar. O amor imaturo e possessivo pensa assim: «Amo-te porque me tornas feliz». O amor amadurecido e abnegado, pelo contrário, expressa-se de modo diferente: «Sou feliz porque te amo». No primeiro caso, o amor é apenas um meio de a pessoa que ama se tornar pessoalmente feliz; no segundo, uma verdadeira entrega para tornar feliz a pessoa amada. O amor egoísta, possessivo e ciumento é uma hipertrofia do próprio «eu»; o amor autêntico, um veículo de doação generosa. Aquele que ama verdadeiramente fá-lo por puro amor, sem segundas intenções, sem motivos subterrâneos: ama com um amor coerente, simples, inteiriço. Com uma entrega total no espaço – sem reservas – e no tempo – até a morte.

Crises por hipertrofia profissional

Nos homens que têm uma forte preocupação por triunfar profissionalmente, essa dimensão pode crescer de tal forma que ofusque outros valores superiores como o matrimônio e a família.

Não é raro ouvir comentar aquilo que me dizia uma senhora: «O meu marido sempre chega tarde a casa, sempre alega que o que eu considero um exagero profissional é na realidade um comportamento sacrificado pela família; quer aumentar o patrimônio para assegurar o meu futuro e o dos filhos. Cantigas!: é egoísmo!

Ao chegar tarde a casa, descuida o trato e a educação dos filhos. Um deles fez um vestibular brilhante. Meu marido ficou radiante. Era o filho que *ele* merecia, um brilho a mais na sua personalidade orgulhosa. Quis comprar-lhe um carro novo. O rapaz negou-se com estas palavras: "Pai, não vê a mãe sofrendo num canto quando você chega tarde a casa? Não vê os meus irmãos menores querendo conversar com você sem o conseguir, porque você sempre diz que está muito cansado? Não quero o carro, prefiro que você faça um investimento melhor com esse dinheiro que gastaria com o

carro: renuncie a ele e chegue uma hora antes a casa".
O meu marido sofreu um abalo. Reclamou violentamente. Não compreendia que os filhos e eu mesma estávamos abalados há muitos anos».

Pode passar-se o mesmo com a esposa. Gary Smalley relata o caso que transcrevo a seguir:

> Recentemente, conversei com um homem cuja esposa, depois de anos dedicada exclusivamente às crianças, tinha voltado a trabalhar em tempo parcial. Em breve, estava recebendo tantos elogios pela eficiência do seu trabalho e pela sua atitude positiva que lhe pediram que passasse a trabalhar em tempo integral. E foi então que os problemas familiares começaram.
>
> No fim do dia, a esposa estava cansada demais para preparar o tipo de jantar a que o marido estava acostumado e tudo o que queria era conversar sobre o trabalho. Com o correr do tempo, o esposo foi-se irritando até chegar ao ponto de explodir: «Afinal de contas, quais são as suas prioridades? O nosso casamento já não vale mais nada para você?»
>
> Como não queria inflamá-lo ainda mais, ela procurou evitar a discussão respondendo-lhe que procuraria, daí para a frente, ter o jantar pronto na hora. Infelizmente, não era esse o único problema, e em breve o casamento tinha-se deteriorado tanto que os dois estavam no meu consultório, à procura de um aconselhamento de última hora antes de iniciarem os trâmites para o divórcio.
>
> Ao conversar com eles, apresentei diversas questões, as mesmas que o marido deveria ter feito à esposa se

soubesse como trazer paz e concórdia ao seu casamento. Entre outras, fiz esta pergunta: «Numa escala de 0 a 10, que nota vocês dariam ao seu casamento, em geral, ao longo dos últimos anos?» Ele respondeu: «6 ou 7»; ela, depois de uma longa pausa: «2, no máximo».

A seguir, inquiri: «E que nota vocês gostariam de dar?» Ambos concordaram em que se tinham casado para obterem «10 sempre que possível, mas pelo menos um 8». Então, fiz uma pergunta-chave: «E o que seria preciso para que o relacionamento de vocês passasse para 8, e estivesse a caminho do 10?» Quase imediatamente, a mulher respondeu: «Ele teria de conversar mais comigo...» Mas, antes que ela conseguisse terminar a frase, o marido interrompeu-a: «*Eu* falo com você; você é que está cansada demais para conversar porque trabalha o tempo todo».

Depois dessa explosão, a resposta da esposa foi um exemplo típico do que tenho ouvido tantas vezes nas sessões de aconselhamento: «Aquilo que você chama de conversa é, na realidade, uma sequência de insultos; estou cansada disso. Você não quer conversar comigo; só quer, na realidade, fazer longos sermões sobre tudo aquilo que tenho feito de errado. Bem, o fato é que nem todo o mundo pensa que sou um fracasso tão grande. No trabalho, as pessoas pensam que valho alguma coisa. Por que você julga que gosto tanto de lá?»

Durante quase vinte anos, todas as conversas que esse homem tivera com a mulher tinham sido uma oportunidade quer para exigir o que poderia ter pedido com delicadeza, quer para criticar um aspecto ou outro do caráter ou da aparência da mulher. Quando a sua esposa por fim encontrou gente acolhedora e positiva, abriu-se como uma flor e, em consequência, procurou reduzir o mais possível o seu contacto com o marido.

Felizmente, ainda havia uma brasa de amor naquele casamento, e marido e mulher estavam dispostos a tentar consertá-lo. Depois de várias sessões de aconselhamento, ele compreendeu e reconheceu, pela primeira vez na vida, que tinha sido ofensivo, irritadiço e péssimo companheiro. E hoje, embora ela continue a trabalhar, o relacionamento deles triplicou em termos de mútua satisfação [16].

Aqui chegamos ao núcleo da maioria das desavenças por causa do trabalho. Essas crises surgem quando o trabalho se torna uma *fuga* do lar, um pretexto que acoberta outras causas de desequilíbrio. Não é preciso chegar ao nível de egoísmo explícito com que certa divorciada justificava a separação: «Eu comecei a progredir na profissão e ele não deu conta do meu brilho»[17] basta que falte sinceridade e respeito dentro de casa, e se insinue em um dos cônjuges o vírus da *miopia yuppie* que parece contaminar tantos jovens profissionais.

Por outro lado, não é incomum o inconformismo de um dos cônjuges ao ver triunfar profissionalmente o outro. Por mais que o marido cuide da família e do lar, a mulher sente-se diminuída. Lá fora, só ouve falar do cônjuge bem-sucedido e não se conforma. Aqui a raiz da crise

---

(16) Gary Smalley, *If Only He Knew*, págs. 85-86.
(17) Aida Veiga e Alice Granato, *O casamento morreu. Viva o casamento!*, em *Veja*, 11.08.99.

reside num amor-próprio exacerbado, que se manifesta em forma de *inveja*.

– Não consigo suportar esta situação. Parece-me injusta – comentava-me há algum tempo uma mãe de família –; o senhor conhece a minha carreira universitária; sempre me destaquei nela. Pelo marido e pelos filhos larguei o meu trabalho na Universidade e agora me encontro na situação de empregada que recebe de vez em quando uma mísera mesada. Não sabe como me sinto quando estendo a mão pedindo dinheiro para as necessidades da casa: tenho a impressão de ser uma mendiga. Eu queria ter o meu trabalho, ganhar o meu dinheiro e não ter que implorar que ele me solte umas moedas como quem dá umas migalhas a um cachorrinho.

Tive que responder-lhe:

– Ele é um homem fiel, dedica-se à família, trabalhou muito e teve sucesso. Deveria orgulhar-se disso. Deveria também orgulhar-se nobremente do cuidado que a senhora põe no lar; parece um «brinco». Aliás, segundo a senhora mesma me contou, ele abriu uma conta-corrente em seu nome para que possa sacar o dinheiro de que precise sem recorrer a ele todas as vezes. A única coisa que falta é que a senhora se disponha a ser humilde e a oferecer a Deus esse amor-próprio ferido...

A esposa deve compreender que, apesar do que possa dizer em contrário algum «slogan» feminista já ultrapassado, ela é a «rainha do lar», peça indispensável para toda a família, especialmente na educação dos filhos. Deve compreender que, se renuncia a um brilho profissional, desempenha com o seu sacrifício uma função que poderíamos denominar a *profissão das profissões*, porque permite que a profissão do seu marido e os estudos dos seus filhos encontrem uma base segura, um «apoio logístico» indispensável.

Pode dar-se também, ainda que seja um pouco menos frequente, a hipótese inversa: a mulher desenvolve um trabalho profissional mais brilhante do que o marido e é este que se sente injustamente humilhado, atingido no seu orgulho masculino. Tanto num caso como no outro, os dois deveriam tomar consciência de que os triunfos de um são também triunfos do outro; de que, numa família, todos são solidários; de que não há nenhuma alegria ou tristeza de um que não seja também do outro. Isto exige de ambos o esforço por superar as comparações e o espírito de competição, e por descobrir a alegria do amor solidário.

Crises por causa dos filhos

Também os filhos e a sua educação podem ser um motivo de crise. Um artigo de revista referia-se a esse problema de uma maneira simples e direta:

> Da lista de motivos que acabam com os casamentos, um dos mais frequentes é a divergência em torno da melhor forma de educar os filhos. Mamãe quer que o filho estude naquela escola onde sua irmã colocou a sobrinha. Papai prefere o garoto na escola em que ele estudou a vida inteira. A filhinha destratou a empregada? A mãe acha isso inadmissível e quer dar uma bronca severa. O pai prefere checar antes as circunstâncias em que ocorreu o incidente. Mais do que preferências ou convicções diferentes, entram em choque nesse momento valores essenciais do ser humano. Os dois

integrantes do matrimônio acreditam piamente que o seu modelo de criação é o mais adequado e deve ser seguido. «Dependendo da forma como os pais lidam com essas desavenças, a criança pode ser beneficiada ou prejudicada em seu desenvolvimento», diz Suely Sales Guimarães, professora de pós-graduação do Instituto de Psicologia da Universidade de Brasília[18].

Como aponta o artigo, uma das razões mais frequentes pelas quais surgem esses desentendimentos matrimoniais é a divergência sobre os valores em que é preciso formar as crianças. Mas não falta outra razão importante: um dos cônjuges «mina», desautoriza o critério ou a opinião do outro: «A sua mãe não entende nada destas coisas. Deixa comigo». Essa divisão cria nos filhos não só insegurança, mas também a demolidora certeza de que os pais não se entendem.

Filhos apanhados nesse tipo de conflito sofrerão imensamente por verem os pais desunidos, o que em geral os leva a tomar partido a favor de um deles contra o outro. Mais ainda, podem mesmo tornar-se cínicos precoces e manipuladores, explorando alternadamente em proveito próprio as fraquezas da mãe ou do pai.

Corre paralela ainda outra causa geradora de conflitos: quando o pai – geralmente se trata do pai – é omisso, «ausente» na educação e na convivência com os filhos – que considera unilateralmente «responsabilidade da mãe» esta, por sua vez, pode sentir-se desamparada e esmagada

---

(18) Monica Gailewitch, *Meus pais não se entendem*, em *Veja*, 09.02.2000.

sob o peso da sua tarefa de educadora. É uma realidade que divide o casal.

Estes motivos de crise convertem-se em algo especialmente agudo durante o período de adolescência dos filhos: é o momento em que se torna mais urgente a necessidade de um critério coerente e de uma especial firmeza na educação e na formação da personalidade.

Muitos psiquiatras infantis e juvenis concordam em afirmar que tanto as crianças como os adolescentes precisam desesperadamente verificar que existe um autêntico amor mútuo entre os pais. Os filhos que observam uma afeição profunda entre os pais têm menos problemas mentais e emocionais na vida. Filhos cujos pais vivem em conflito podem perder a autoestima e escorregar ladeira abaixo, rumo a uma infinidade de problemas psicológicos, como vimos.

A responsabilidade na educação dos filhos é um contínuo apelo para que os pais aprofundem no amor mútuo. O amor aos filhos depende, de certa forma, do amor mútuo dos pais. O Senhor dizia, referindo-se aos seus discípulos: *Santifico-me por eles* (Jo 17, 19). O mesmo deveriam dizer os pais em relação aos filhos: «Sacrificamo-nos por eles, eliminamos os nossos conflitos e diferenças por eles, esforçamo-nos por eles, estamos unidos por eles»...

Não faz muito tempo, contaram-me um episódio familiar: pai e mãe – ambos *yuppies* que ganhavam muito bem – saíam todos os dias para trabalhar e o filho descia para brincar no jardim do condomínio. Certo dia, o pai voltou antes da hora costumeira e encontrou o filho sozinho. Passou-lhe pela cabeça que talvez pudesse ter uma conversa com o menino, uma vez que já nem se lembrava da última vez em que lhe dedicara um pouco mais de tempo. Entre outras coisas, perguntou-lhe:

– De quem você gosta mais, meu filho: do papai ou da mamãe?

– O senhor quer que eu seja sincero, papai?

O pai pensou: «Xiii, vai dizer que é da mãe...»

– Sim, filho, claro. Claro!

– Eu gosto mais, papai, sinceramente, é do Jorge.

– Jorge??! Mas quem é esse Jorge? – disse o pai, surpreendido.

– É o jardineiro do condomínio. Ele é o único que tem tempo para falar comigo todos os dias e me ajudar nos trabalhos da escola...

Lição arrepiante dada por uma criança.

Não é com a força do dinheiro que o pai e a mãe ganham trabalhando fora de casa que se educam os filhos, mas com essa diuturna dedicação que vai escrevendo verso a verso no coração das crianças o poema da vida, o roteiro de um alto destino. Não sei o que veio a acontecer ao casal que acabei de mencionar, mas em vários casos semelhantes pude constatar que o relacionamento entre marido e mulher chega a deteriorar-se extraordinariamente por não terem dedicado aos filhos a atenção de que precisavam.

Os filhos significam sempre um vínculo de união entre os pais. Os pais que, em vez de se dedicarem um ao outro, talvez num desejo desgastante de arrancar do outro o *seu* prazer e a *sua* felicidade, olham para um vértice comum que é o filho, descobrem sempre que isso os vincula extraordinariamente. Já dizia Saint-Exupéry que amar não consiste tanto em olhar um para o outro, mas em olharem ambos para um objetivo comum.

Se fôssemos avaliar a realidade de muitos casais, descobriríamos que não poucas desavenças provêm da falta de dedicação solidária à educação dos filhos. Quando os esposos fundam uma família, devem compreender que ela não representa apenas um apoio social, um instrumento para a sua realização profissional, a satisfação dos seus instintos sexuais ou dos seus instintos de paternidade e maternidade, ou ainda um mero porto de repouso no mar agitado do seu trabalho. A família – o cônjuge e os filhos – deve ser *a sua vida, a sua verdadeira empresa*, aquela que deve absorver todas as suas mais devotadas atenções. Devem pôr a serviço dela toda a capacidade de sacrifício, toda a energia e toda a criatividade que são capazes de dedicar aos seus mais cobiçados interesses; ou melhor: dedicar a ela um entusiasmo superior ao que desperta neles qualquer outro interesse. Mais ainda, precisam estar dispostos – *ambos*, tanto os homens como as mulheres – a renunciar a um brilho profissional, por mais sedutor que seja, quando for contrário aos interesses da família e dos filhos. Pensar de outra maneira é insensatez, prova de desequilíbrio mental ou egoísmo desvairado.

Estas considerações ajudam-nos também a formular uma segunda conclusão: o amor aos filhos e o desejo de fornecer-lhes a melhor educação exige que os pais procurem, em primeiro lugar, fortalecer e aprofundar no amor mútuo. A partir dessa união constituirão um princípio educador único e solidário. Entrarão em acordo tanto sobre valores e critérios fundamentais como sobre os pormenores e critérios concretos que se aplicarão: incentivos, disciplina, castigos, programa de vida, horários, etc. Essa tarefa educativa solidária consolidará o amor dos pais, e o amor dos pais redundará em benefício dos filhos.

Crises por causa da família do cônjuge

Não é raro que a família do esposo ou da esposa se torne um problema para a estabilidade do matrimônio. Conheci um casal que, nesse sentido, poderia ser considerado paradigmático. Ele vinha de uma família numerosa, bem constituída, de boa situação econômica. Ela ficara órfã de mãe e o pai casara-se novamente com uma mulher excessivamente dominadora. Resultado: tivera de sair de casa muito jovem porque não aguentava a madrasta. Depois, casou-se com o rapaz, que era profissionalmente muito competente. Tiveram quatro filhos. Os desentendimentos começaram cedo, embora os filhos ajudassem muito a minorá-los. Pouco a pouco, porém, os sentimentos da moça foram-se cristalizando em atitudes intransigentes, porque ela simplesmente não conseguia aceitar a família do marido. Tudo lhe parecia humilhante: a alegria e o comportamento correto dos sogros, a fraternidade carinhosa com que os cunhados se tratavam... Terminou brigando com a cunhada, com o responsável das empresas dos sogros e negando-se a passar as férias na cidadezinha da qual procedia a família do marido. A situação do casal inspira sérios cuidados, e é patente o perigo iminente de separação.

Em contrapartida, certa senhora que conheci, Da. Irene, soube utilizar uma fina psicologia para solucionar um problema que ameaçava a tranquilidade do seu lar. A mãe dela – Da. Charlote, uma viúva já de bastante idade –

morava com o casal, o que era uma fonte de conflitos em potencial. Quando havia pequenos atritos com a Da. Charlote, Irene geralmente procurava que o marido tomasse o partido da sogra, e esta, o do marido. Assim conseguiu que ambos se entendessem maravilhosamente bem, mesmo que isso lhe custasse, vez por outra, sair contrariada. «Não faz mal, dizia sorrindo. O importante é que os dois se estão dando muito bem».

É necessário fazer, neste sentido, algumas recomendações. Aos pais, que evitem imiscuir-se na vida dos filhos casados, a não ser com algum conselho raro, discreto e oportuno. Aos esposos, por sua vez, que se empenhem em respeitar as peculiaridades da família do outro cônjuge, sem dar importância a modos de ser e preferências que não têm nenhuma transcendência... Entre mil exemplos, um de caráter culinário dirigido às donas de casa: por que não preparar aquele macarrão esquisito, com calda de morango e pedaços de chocolate, que a sua sogra fazia e a que o seu marido alude de vez em quando com tanta saudade? Quem sabe se, à base de sacrificar as suas prevenções e gostos, você mesma não acaba por apreciar o que possa haver de gostoso nesse prato?...

Se preveem que vai ser difícil superar as diferenças entre as respectivas famílias, é bom que os noivos pensem demoradamente antes de assumirem o compromisso do casamento. Como dizia alguém, «ninguém se casa com uma pessoa isolada, mas com uma família inteira». O caráter indissolúvel do vínculo e o sentido de responsabilidade leva a arcar com as consequências, depois de contraído o matrimônio. Por isso, a ponderação prudente evita muitos conflitos e possíveis crises futuras.

OS PRESSUPOSTOS PARA UMA SOLUÇÃO

A crise é uma situação anômala: o aspecto negativo do matrimônio. Mas o negativo, neste caso como em tantos outros, destina-se a conseguir um resultado positivo. Assim como a medicina estuda as doenças para conseguir a saúde, assim também nós temos que dedicar uma atenção minuciosa às doenças conjugais precisamente para que o casamento se torne tão saudável quanto possível.

Cumpre acrescentar também, como já apontamos, que é melhor praticar a medicina preventiva do que a curativa. Por isso, antes de fazermos a pergunta: «Como superar as crises?», deveríamos perguntar-nos: «Como evitar que aconteçam?» Por esta razão, antes de examinarmos os remédios concretos para superar as crises, abordaremos os pressupostos para evitá-las; e entre eles destaca-se em primeiro lugar a necessidade de resgatar o verdadeiro sentido do amor.

O resgate do sentido do amor

As crises matrimoniais não são, em geral, uma derivação anômala de um amor autêntico, mas a consequência quase natural de uma concepção espúria do amor. O amor é algo grandioso. É o grande motor da existência. Um homem «aposentado» no amor é um homem aposentado na vida, é um homem decadente. «O amor é a vocação fundamental e nativa de todo o ser humano» – diz João Paulo II[1]. O amor é a força da vida. *O amor é mais forte do que a morte* (Ct 8, 6).

Se isto é verdade num sentido global, muito mais o é no que diz respeito ao matrimônio, definido pelo Concilio Vaticano II como «uma íntima comunidade de vida e de amor»[2]. Quando não há amor, não há comunidade, não há intimidade, não há matrimônio.

Mas que é o amor? Poder-se-á descobrir essa força avassaladora nos encontros epidérmicos da relação puramente sexual? Poderá essa energia gigantesca ser encontrada nos amoricos de fim de semana, de praia ou de motel? Seria ridículo afirmar tal coisa. Então, como identificar esse amor? O filósofo alemão Josef Pieper pergunta-se precisamente:

---

(1) João Paulo II, Exort. Apost. *Familiaris consortio*, n. 11.

(2) Concílio Vaticano II, Const. Past. *Gaudium et spes*, n. 48.

Que significa, *em geral*, «amar»: amar a música, o amigo, a pessoa amada ou o próprio Deus?

Estou convencido de que há uma resposta para esta questão. E a resposta é a seguinte: amar alguém denota *aprovação*. Amar algo ou amar alguém sempre significa afirmar: «Como é bom que isto exista!; como é bom, como é maravilhoso que você esteja no mundo!» [...].

No seu ato criador, Deus também já disse: «Eu quero que você *seja*. É bom, é muito bom, que você exista!» Daí que todo o amor humano não seja mais do que uma reconstituição, uma espécie de repetição do amor criador de Deus [...].

O amor, sendo uma espécie de reiteração do ato criador de Deus, é uma dádiva.

Quando alguém é amado interesseiramente pelo que pode dar, pela felicidade ou pelo prazer que pode proporcionar, e não pelo que é em si como pessoa humana, então não é amado. Pode ser *utilizado, instrumentalizado*, mas não amado. Pode ser um bom complemento para a própria realização, mas não é um ser amado na verdadeira acepção da palavra.

Talvez seja Bernardo de Claraval quem atingiu com maior acerto o âmago da questão. Afirma ele: «Todo o amor verdadeiro é sem cálculo, mas nem por isso deixa de ter a sua recompensa; no entanto, só pode recebê-la se for sem cálculo... Quem procura no amor algo diferente do amor, perde não apenas o amor, mas também a alegria do amor»[3].

---

(3) J. Pieper, *O que é o amar?*, recolhido em Luiz Jean Lauand, *Interfaces*,

Pode-se fazer um diagnóstico mais claro ao tentar encontrar as causas de tanto casamento «triste», de tanto «triste casamento»?

Já quando se procura a felicidade do outro; quando alguém é movido por uma atitude parecida ao ato criador de Deus, que disse «quero que existas porque quero que sejas feliz»; quando no fundo da alma nos sentimos felizes precisamente porque essa pessoa existe; quando, apesar dos sacrifícios, nos alegramos porque contribuímos para a realização dessa pessoa – então estamos conjugando de forma apropriada o verbo «amar» no seu verdadeiro e pleno significado.

Mais ainda, podemos dizer que esse amor sem cálculo, gratuito, sem recompensa, encontra de forma paradoxal a sua maior recompensa sob a forma de felicidade. O amor, ainda que leve ao sacrifício – e sobretudo quando leva ao sacrifício –, é a fonte secreta da felicidade. Quando um homem, esquecido da sua própria felicidade, se lança a realizar um ideal de amor superior a si próprio, acaba por realizar, sem pretendê-lo, a sua própria felicidade.

A recíproca também é verdadeira: como ficamos felizes, como nos comovemos profundamente quando verificamos que alguém nos ama *pelo que nós somos*, e não *pelo que nós lhe damos*, quando alguém se entrega a nós sacrificadamente! Experimentamos um arrepio imenso de emoção quando verificamos que alguém está disposto a dar a sua vida por nós sem nenhum interesse, só por amor, *por puro amor*.

E que sensação diferente – sensação de tristeza, de deceção – experimentamos quando verificamos que so-

---

Mandruvá, São Paulo, 1997, págs. 76-85.

mos «amados» não pelo que somos, mas pelo prazer que comunicamos, como se fôssemos – como diz Pieper de forma impiedosamente drástica – «um mecanismo que se usa para a própria diversão»[4].

As «leis de crescimento» do amor

Se algum pensador do século IV antes de Cristo presenciasse a exaltação que hoje se faz do sexo fácil e descomprometido, pensaria estar vivendo na época dos «trogloditas». Se Platão, autor do *Banquete*, ou Aristóteles, autor da *Ética a Nicómaco*, lesse os escritos de determinadas «sexólogas» que falam da «libertação sexual» das mulheres, julgaria estar remontando à época dos dinossauros.

Com efeito, esses autores, e com eles todo o pensamento clássico greco-romano anterior ao cristianismo, consideravam esse tipo de amor carnal, em que prevalecia a paixão sexual, o mais baixo na escala da afetividade; denominaram-no *amor de apetência*, confiado à deusa Afrodite ou Vénus. Muito acima desse patamar colocaram o *amor de complacência*, o amor afetivo – dominado pelo sentimento – que tinha no deus Eros a deidade protetora. E, superando esse plano, descreveram ainda o *amor de benevolência* que, no seu sentido etimológico – *bene volere* –, significa *querer bem*: querer bem ao outro *pelo que ele é*. No pensamento grego, este amor era confiado à guarda da deusa Filia, porque se considerava que

---

(4) *Ibid.*, pág. 86.

o amor da mãe pelos filhos era o paradigma do autêntico amor, da entrega absoluta, que consiste em querer apenas o bem do outro.

Aqui chegamos à esfera superior do amor humano na concepção clássica: o amor pelo ser humano enquanto *pessoa*, no sentido mais nobre da palavra. A sua expressão mais autêntica é o *compromisso* de cuidar incondicionalmente do ser amado. É algo superior a um mero sentimento. É uma decisão da vontade, potência espiritual que supera as marés cambiantes, o vaivém que caracteriza todo o sentimento.

É por isso que a velha fórmula do Matrimónio diz, com expressões similares em todas as latitudes: «*Comprometo-me* a amá-la ou a amá-lo, a servi-la ou a servi-lo, haja o que houver, na alegria e na tristeza, na saúde e na doença, na prosperidade ou na pobreza, nas mais variadas circunstâncias externas, até que a morte nos separe». O amor de benevolência, que está acima das emoções e das circunstâncias cambiantes, revela-se assim como a forma mais elevada do amor.

Esse quadro, contudo, ainda estava incompleto. Cristo rompeu os moldes clássicos e os abriu ao *amor de transcendência*: a *caritas* cristã. A *caritas* alcança o homem, não somente enquanto pessoa, na sua acepção mais digna, mas enquanto *filho de Deus*; é uma característica fundamental do cristão que, na sua expressão mais radical, leva a amar até os próprios inimigos, não na sua condição de inimigos, mas na condição de filhos de Deus, ou ao menos de criaturas suas.

Não se pense que o amor de transcendência dispensa os anteriores; pelo contrário, assume-os, purifica-os e incorpora-os. Na vida conjugal, todos esses amores se entrelaçam de um modo semelhante ao dos fios de uma corda: cada um contribui para a força e coesão do todo. Cada nível compreende, supera e torna mais pleno o anterior. O *amor conjugal* abrange o amor sexual, mas não se detém nele; vai-se elevando e incorporando os outros amores, a modo de pirâmide, até ao cume, que é o *amor de transcendência*. Se algum deles se fecha em si mesmo, estagna e apodrece. Esta é a essência do dinamismo do amor conjugal.

Nesta gradação escalonada, poderíamos estabelecer, em certo sentido, como que uma lei disjuntiva: a *lei da ascensão* ou da *autodegradação do amor*. O amor ou se eleva ou se degrada, ou cresce ou se desvirtua, ou se enaltece ou se autodevora.

Assim, se ficar estagnado no puro *amor de apetência* – amor afrodisíaco, sexual –, não conseguirá manter o nível humano; se o sexo não tiver um componente afetivo que o eleve até a altura do *amor de complacência*, acabará por rebaixar-se à esfera puramente biológica. E poderá chegar ainda mais baixo: até à perversão, ao vício, à paixão obsessiva e à anormalidade antinatural ou até sádica, que nunca se encontra no mundo animal.

Se, por sua vez, o *amor de complacência* não se elevar até ao plano da *benevolência*, não chegará a sustentar-se no escalão afetivo e, pouco a pouco, irá resvalando pelo declive do mero egoísmo sexual.

Enfim, se o *amor de benevolência* não se abrir, no matrimônio cristão, para a ordem sobrenatural do *amor de transcendência*, é muito difícil que mantenha o seu equilíbrio e harmonia. A *caritas* sobrenatural e a graça sacramental do Matrimônio constituem uma imensa força que consegue superar os percalços matrimoniais, os defeitos, os erros e pecados do cônjuge, para amá-lo não como simples ser humano, mas como filho de Deus: se por Deus se amam até os inimigos, como não se deverá amar – por mais limitações, defeitos e mazelas que tenha – aquele filho ou filha de Deus que, através do Sacramento do Matrimónio, veio a compartilhar o nosso mesmo destino, a nossa mesma sorte, para toda a vida?

Nos diferentes patamares desta lei, que convida a uma contínua superação e ascensão, encontramos a razão última da solidez ou do naufrágio da vida de casados: ou a pirâmide chega ao seu cume – ao *amor de transcendência* –, ou tenderá a desmoronar até o nível da decadência e da crise.

Para elevar o amor, é necessário reacendê-lo num nível sempre mais alto. Não se trata de renová-lo dentro de um mesmo nível – por exemplo, no puramente sexual, encontrando novas «técnicas» para conseguir mais prazer –, e sim de elevá-lo a outro nível superior, ultrapassando o atual, até chegar ao cume do eminente. E não se trata de uma superação dispensável ou de somenos importância: é algo vital, é uma questão de *sobrevivência*.

À medida que a pessoa progride na ascensão, é bem possível que, como um alpinista, passe por fases de exaustão e de aridez, em que tem a impressão de que «não vale a pena esforçar-se», de que «o amor morreu». «Onde foi parar tudo o que eu sentia?», perguntam-se a mulher desiludida ou o marido cansado. E conclui-se que «tudo está acabado», que «não há mais saída».

Erro crasso. Pura ilusão, nascida das fábulas infantis como a da «Bela adormecida» ou da noção hollywoodiana do amor, segundo a qual os amantes deveriam «viver felizes para sempre», como se o casamento representasse o mergulho num mar de rosas, de sentimentos de bem-estar, de alegria e felicidade sempre crescentes. Muito mais realista é a expressão com que Guimarães Rosa termina um dos seus contos no livro *Tutameia*: «Viveram felizes e infelizes, misturadamente». É a eterna sucessão de luzes e sombras que dominam toda a vida humana no plano natural.

Com efeito, é natural que os *sentimentos* que acompanham as formas mais imaturas e egoístas do amor venham a morrer cedo ou tarde: são fases transitórias. A sua superação é *boa* e *necessária*: faz parte do processo normal de crescimento do amor, e é uma ajuda para passarmos de um patamar a outro mais elevado.

Todos já ouvimos ou empregamos alguma vez a expressão «está cegado pela paixão». Expressão exata: os sentimentos muito intensos que acompanham a paixão amorosa tornam-nos como que «cegos», incapazes de enxergar o verdadeiro bem da pessoa amada tanto como o nosso. Porque, na verdade, são profundamente egoístas, autocentrados, voltados para si mesmos. E por isso é preciso – como aquele *grão de trigo* evangélico (cf. Jo 12, 24) – que *morram para poder renascer*.

E desta forma, como os frutos apodrecidos no pé da árvore, tornam-se fertilizantes de um amor mais rico: renascerão purificados; a paixão sensual tomar-se-á determinação da vontade, compromisso verdadeiro. É só assim que o amor de *apetência* se eleva ao nível do amor de *benevolência*.

Assim entendemos que, se a pessoa persiste, às vezes durante anos, em «amar apesar de não sentir o amor», em amar apoiada na determinação da sua vontade e na graça divina – que não falta a quem não lhe opõe resistência –, os sentimentos românticos voltarão de forma diferente: voltarão mais esclarecidos, mais serenos, mais duradouros e mais «responsáveis». A paixão tumultuosa e violenta, impaciente e ciumenta – que parecia tão forte e imperiosa, sendo na realidade tão frágil – transformar-se-á pouco a pouco num afeto terno, considerado e paciente, numa amizade íntima e arraigada, menos vibrante, mas na verdade muito mais sólida do que a paixão: unirá marido e mulher num todo coeso e harmonioso que nada nem ninguém poderá romper.

A ascética cristã – a luta permanente pela ascensão – é ingrediente necessário não apenas para se chegar a uma altura espiritual razoável, mas antes de mais nada para não se despencar numa crise conjugal irreparável, ou, pior ainda, numa situação humana degradante. O amor regride quando não se eleva, e vai a caminho da plena fidelidade quando se renova mercê de constantes superações. É preciso amar hoje mais e melhor do que ontem, e amanhã mais do que hoje. Tem de haver sempre um *cada vez mais* e um *cada vez melhor* no horizonte do amor.

Mas, para que seja eficaz, esta ideia-força tem que traduzir-se num crescimento progressivo no âmbito do cotidiano.

O crescimento cotidiano no amor

Não podemos acreditar, como acabamos de ver, no amor ideal, no amor «eterno» no sentido romântico da palavra, como não é possível acreditar no «Príncipe encantado» ou na «Bela adormecida». Devemos acreditar, isso sim, no amor permanente, construído com esforço cotidiano e pessoal para crescer, progredir e ganhar em profundidade afetiva.

O amor é um *projeto de vida*: cresce e se aperfeiçoa numa cuidadosa atenção, tal como a exigem toda a arte e todo o ofício, e desgasta-se com o desleixo, o descuido e a desatenção. De forma despretensiosa, Franco Zeffirelli, o conhecido diretor de cinema, pergunta-se: «Como se deteriora o amor humano? Por minúsculas estupidezes, por mal-entendidos diminutos, por preguiças microscópicas que não se teve o valor de descobrir e atalhar ao princípio. E como o câncer: para salvar a vida, é necessário atacá-lo no início»[5].

Diz-nos Enrique Rojas:

> É preciso evitar que o amor venha a definhar pouco a pouco. Não creio no «amor eterno», nem no «amor ideal»; não creio no «príncipe encantado», que não existe: creio, sim, no «príncipe valente» [...]. Sim, não creio no «amor eterno», mas no amor construído dia a dia, no esforço pessoal por melhorar a relação afetiva.

---
(5) Franco Zeffireli, entrevista à revista *Palabra*, Madri, outubro de 1983, pág. 30.

O amor é como um fogo: é preciso alimentá-lo diariamente com pequenas coisas; caso contrário, apaga-se. O amor não pode «acabar» quando a pessoa está pendente dele, quando o cultiva. Além disso, precisa de proteção. Com a incorporação feminina no trabalho profissional, tradicionalmente masculino, muitas mulheres têm a possibilidade de conhecer um homem diferente, e em alguns aspectos melhor do que o marido; se não protegerem o amor conjugal, se permitirem que se infiltrem na sua vida outros amores, estarão desprotegendo o amor[6].

O exercício de manter vivo o matrimônio, de protegê-lo e alimentá-lo, está estreitamente vinculado a pormenores de carinho que vão aproximando os corações num crescimento sincronizado, como se fosse um dueto de amor em que cada um põe o seu próprio tom e timbre de voz, mas de tal forma que ambos se harmonizam com a mesma letra e a mesma partitura. As vozes são diferentes, mas, como costuma acontecer num dueto, a segunda voz, mais grave, faz ressaltar a primeira, mais vibrante. As diferenças complementam-se.

Essa canção, para ser bem interpretada, tem que ser «ensaiada» repetidas vezes. Pouco a pouco, a adaptação das duas vozes vai melhorando, vai amadurecendo... Quando uma jornalista, Pilar Urbano, perguntou à rainha da Espanha, Sofia, o que entendia por amor, ela respondeu-lhe:

---

(6) Enrique Rojas, entrevista à revista *Palabra*, Madri, outubro de 1983, p. 43.

– O amor? É um sentimento vivo. Nasce, cresce, evolui, amadurece, ganha novos matizes com a passagem do tempo. Penso que acontece o mesmo com todo o mundo. O meu amor, o nosso, evoluiu para a amizade. Uma forte amizade. Eu sou a companheira do meu marido. Somos «companheiros de viagem». Nesta viagem, vamos juntos... E isso nunca acaba; sempre há amor.

Ele continua a ter as duas facetas: o rapaz divertido, brincalhão, alegre... e o homem sério, por vezes melancólico, com um fundo sentimental.

Já vivemos tantas coisas juntos!... E há os filhos. Nunca estamos sós. Sempre há gente jovem, muita gente jovem, ao nosso lado... E fantástico: estamos sempre atualizados; parece que nos pedem: «Vá sempre para a frente». Isso não nos permite parar e envelhecer.

– Valeu a pena?

– Valeu todas as penas! Voltaria a viver tudo o que vivi. Voltaria a começar.

A jornalista continua a perguntar:

– E quando passam os anos, e o amor murcha, e a rotina pesa, e marido e mulher se conhecem demais, como se salva a fidelidade?

– O que mata o amor é o silêncio. Não sei o que farão outros casais: nós dialogamos. Falar é muito importante. E a chave. Ainda que um de nós esteja com a «cara fechada» e o outro se mostre antipático, é preciso falar. O que destrói os matrimônios é o silêncio, a falta de diálogo.

Nós falamos e, se temos que discutir, discutimos. Mas não há incomunicação, não há isolamento:

falamos. Falando, a gente entende-se, esclarecem-se mal-
-entendidos, dúvidas, sombras...

– Companheiros de viagem?, insiste a jornalista.

– Sim, porque vamos no mesmo barco. O rei e eu temos a mesma tarefa de representar a Coroa. Movem-nos os mesmos interesses. Ele sabe que conta com toda a minha lealdade. E há uma base forte: uma enorme confiança mútua. São muitos anos, mais de trinta e quatro, embarcados na mesma viagem...

Ele é o monarca, eu não. Ele manda, eu não. Ele toma decisões de Estado, eu não. Mas a Coroa somos os dois juntos. Os dois e os nossos filhos[7].

Não é significativo que a rainha Sofia coloque a solução das possíveis crises no *diálogo*? E não é também extraordinariamente significativo que, por duas vezes, fale dos filhos como elemento de união: «Já vivemos tantas coisas juntos!... E há os filhos... A Coroa somos os dois juntos. Os dois e os nossos filhos». Que grandes vínculos de união são o *diálogo* e os *filhos*!

Harmonizar-se com o outro cônjuge significa também sintonizar com o que ele faz, com o que diz, com o que significa, para ele, uma pena, uma alegria ou talvez um pormenor, uma data importante. Um bolo de aniversário, uma comemoração especial não se reduz a algo material. Por trás de tudo isso está a pessoa humana, a sua dignidade, a sua riqueza insubstituível... e também está escondido um gesto de amor.

«Há quatro datas – diz Dale Carnegie – que um bom americano jamais deve esquecer: a da descoberta

---

(7) Pilar Urbano, *La Reina*, Plaza y Janes, Barcelona, 1997, págs. 322-3.

da América, a da independência dos Estados Unidos, a do aniversário da mulher e a do aniversário do casamento. A rigor, podem-se esquecer as duas primeiras, mas de modo algum as outras duas»[8]. É divertida e instrutiva aquela queixa bem-humorada de uma mulher ao marido: «Hoje faz um ano que você esqueceu que o nosso aniversário de casamento era no dia seguinte»... Nesses pequenos detalhes, como as notas de uma música cantada a duas vozes, vai-se afinando a sinfonia do convívio familiar.

A jornalista Pilar Urbano continua a perguntar:

– O rei e a rainha são iguais?

– Não. A verdade é que não somos iguais. Não gostamos das mesmas coisas. Ele gosta de radiotelefonia, de motores, de velocidade... A mim, entusiasmam-me a música e a arte... O meu marido diverte-se tripulando um barco... Eu gosto de ir sentada na popa, olhando o mar e o horizonte, e sentindo a brisa no rosto...

Não somos iguais? Nem parecidos! Ele é extrovertido; eu, reservada. Ele é audacioso; eu, tímida. Ele é intuitivo; eu, lógica... Ele é rápido, eu sou lenta. Ele tem «pavio curto», eu estou feita para aguentar mais. Podem deixar-me aborrecida por dentro, mas por fora não se percebe... Em conclusão, não somos, como se diz, «as duas metades da laranja», mas... nos complementamos.

Eu, ao rei, como sua esposa, como sua «companheira de time», como sua amiga, dou lealdade. Dou-lhe

---

[8] Cit. por Luis e Carmen Pablo de Riesgo, *Amor conjugal y educación de los hijos*, em *Mundo Cristiano*, Palabra, Madri, junho de 1996, pág. 43.

o meu interesse pelos seus assuntos, que são também meus. [...] Mas nunca tentei interferir no seu trabalho nem tenho a pretensão de aconselhar-lhe o que deve fazer ou evitar... O que mais lhe dou? Dou-lhe a minha companhia. Dou-lhe o meu tempo, porque sempre estou à sua disposição. Dou-lhe a minha compreensão. E... dou-lhe o meu carinho[9].

A rainha Sofia acaba de dar-nos uma lição: o crescimento no amor não está necessariamente ligado ao aumento da afeição sensível; está sobretudo na dependência de um esforço de adaptação, de um progressivo despojamento do amor-próprio, de uma complementação mútua que exige a valorização das peculiaridades da outra parte. E tudo isso se dá através dos pequenos detalhes da vida cotidiana.

O ajuste sexual e afetivo

Já nos referimos a este tema em outro momento. Mas agora queremos abordá-lo sob uma ótica diferente. Como a matéria é inesgotável, lembraremos aqui apenas alguns aspectos significativos.

A segurança que o casamento dá leva certos esposos a descuidar os detalhes de afeição, de delicadeza, a negligenciar a cortesia e as boas maneiras. «Já não é necessário conquistá-la/o» – pensam – sem reparar que, como disse

---
(9) Pilar Urbano, *La Reina*, pág. 324.

Montesquieu, «é mais fácil conquistar do que conservar a conquista».

Uma senhora com muitos anos de casada comentava: «As moças jovens, hoje, parecem não conhecer a mentalidade masculina. O homem tem de ser conquistado cada dia. Elas têm de fazer valer o seu "charme" todos os fins de semana». E o mesmo poderíamos dizer dos maridos jovens e menos jovens.

A mulher, principalmente, a partir dos trinta e poucos anos, precisa de cuidados especiais. Já se tem escrito muito sobre *a solidão da mulher bem casada*, e os que escreveram ou escrevem sobre este tema comentam quase sempre que o tradicional adágio «casaram e foram felizes para sempre» deveria ser substituído por este outro: «casaram e foram solitários para sempre». Esta apreciação mordaz e irônica revela sem dúvida o pessimismo com que alguns encaram o matrimônio; mas, infelizmente, em alguns casos é literalmente exata.

Uma professora universitária de trinta e cinco anos confidenciava-me:

– Estou bem casada, tenho três filhos, estou profissionalmente realizada, mas ao mesmo tempo sinto-me às vezes tão sozinha... Sinto um vazio tão grande... Vai ficar pior quando os meninos crescerem... Conheci o meu marido na faculdade, estudamos juntos, trabalhamos juntos. Era para ser ótimo, não é? Mas não foi. Parece incongruente. Ele é um bom marido em todos os sentidos. Mas há algo que não funciona. A minha sensibilidade aguçou-se com o tempo. Não me basta a relação conjugal. É como se ele esquecesse o que há de mais vivo em mim, de mais profundo. Ele acha ridículo quando lhe peço para namorar um pouquinho. Ri-se de mim. Sinto-me incompreendida. Tanto que nem insisto mais no meu pedido. Tenho a sensação de ter tudo e não ter nada.

Outra esposa, beirando os quarenta, comentava:

– Meu marido é muito bom. Nada me falta. Paga as contas em dia. Traz ele mesmo o pão e o leite. Mas, sabe?, às vezes tenho a impressão de ser um dos objetos da casa. Faço tudo direitinho – ele é exigente, gosta de tudo arrumadinho... O senhor me pergunta se eu sou feliz? Penso que seria uma ingratidão reclamar. Mas acho que, se eu não existisse, não lhe faria falta. Só perceberia quando começassem a faltar as coisas... Isso provoca em mim um profundo sentimento de solidão...

Os exemplos poderiam multiplicar-se. Acrescentemos apenas mais um. Lúcia e Mauro, casados há dezoito anos, estavam juntos numa festa junina organizada pela família dele. A certa altura, Lúcia avistou um balão e exclamou, eufórica: «Olha, Mauro, um balão!» Ele, que se encontrava bebendo o seu quentão e conversando animadamente sobre a vitória do seu time de futebol com os irmãos e sobrinhos, nem sequer olhou para Lúcia. Ela tentou novamente: «Olha o balão, Mauro!» Ele, nada. Pela terceira vez ela disse: «Mauro, olha o balão!» Intrigado e irritado com a insistência da mulher, Mauro virou-se, olhou com desprezo para o céu e disparou: «E daí, mulher, nunca viu um balão na vida?!» Com tristeza, ela respondeu: «O importante não é o balão, Mauro. Lembra-se de quando éramos namorados? Eu sempre me encantava pelos balões e dizia: «Olha o balão!», ao que você respondia: «Um balão, um beijinho; um balão, um beijinho»; e assim passávamos a noite toda nas festas juninas». A resposta de Mauro não poderia ser pior: «Ora, Lúcia, faça-me o favor: de lá para cá, já lhe dei muitos beijos...» Lúcia ficou desolada e disse a uma sobrinha que estava prestes a casar-se: «Vai aprendendo... Eles são todos iguais: quando namorados, uns doces, cheios de cuidados, carinhos e atenções; tudo é motivo para estar junto de você. Depois de alguns anos de casados, parece que só lembram de você quando está faltando cerveja na geladeira, quando estão com fome ou precisam de uma roupa passada, ou querem relações sexuais... Tudo isso cansa tanto, dá uma sensação tão profunda de solidão...»

Essas senhoras bem casadas queixam-se de solidão. Não é que haja nada de concreto. Talvez apenas que os respectivos maridos, sem dúvida respeitosos, apenas as consideram como indispensáveis para o funcionamento do lar e para a sua satisfação afetiva e sexual: são como objetos, «objetos de cama e mesa», para empregar a horrível expressão brandida por algumas feministas.

Numa época em que tantas esposas trabalham fora de casa e têm contato frequente com homens casados ou desquitados que vivem na mesma situação de vazio e solidão, muitos maridos descuidados e desprecavidos deveriam pensar nesses desabafos. Talvez se encontre neles a razão de ser dessas atitudes evasivas, desses castelos de isolamento em que se encerram determinadas esposas a partir de certa idade.

Aquela professora universitária dizia que o marido se ria quando lhe pedia para «namorá-la um pouquinho». Não é para rir, não! É para levar muito a sério. Porque por trás desse pedido está escondida toda a psicologia feminina, e por trás dessa negativa fica trancafiada, bloqueada, toda a ternura de uma mulher que precisa saber que é amada com verdadeira afeição, que não é «objeto de cama e mesa».

Às vezes, podemos surpreender na intimidade do lar um diálogo que parece ridículo e não o é: «Querido, você me ama?» Ele encolhe os ombros, como que dizendo: «Mas é claro! Se não fosse assim, por que continuaria com você? Que necessidade tenho de repeti-lo todos os dias?» Pois ele se engana. Tem necessidade de repeti-lo com frequência, todos os dias, porque ela encontra nisso um encanto sempre novo.

Acabo de ouvir esta história, que aconteceu faz uns dias. Um competente profissional, que levava tanto o trabalho como o matrimônio muito a sério, encontrou em cima da mesa do escritório uma citação judicial para comparecer a um pedido de separação. Ele não conseguia acreditar. Nunca tinha traído a esposa, e ela era a pessoa mais correta que conhecia...

Foi falar com um colega, não por ser amigo íntimo, mas por ter sido o único que lhe falara de Deus. Contou-lhe o caso:

– Que fazer?
– Você leva com frequência flores para ela?
– Não!
– Presenteie-a hoje com um bom ramo de rosas...
– Mas se eu preciso de um conselho para enfrentar uma situação muito séria!... Bem, de qualquer forma, levarei o buquê.

Quando se apresentou em casa com as rosas, a esposa não queria acreditar...

– Mas você não encontrou nada em cima da mesa do escritório?
– Sim, precisamente por isso comprei as flores... Sou um desagradecido..., um desatencioso..., um ingrato...

Tantos anos sem trazer um único presente para você...
A pobre senhora começou a chorar... Abraçaram-se demoradamente. Na mesma hora, desistiu da separação.

Um detalhe, um simples detalhe dissolveu o sentimento de solidão, a impressão de ser um mero objeto na paisagem familiar do cotidiano. Pequenos gestos que, pouco a pouco, como as imperceptíveis notas de uma melodia, vão harmonizando as vozes e as vidas, previnem percalços ou abismos que poderiam tornar-se intransponíveis.

Sugestões práticas

Embora não seja tarefa fácil, tentaremos esboçar algumas sugestões práticas que venham a facilitar a harmonia afetiva na vida cotidiana:

1. *Prestar atenção*. A dignidade do ser humano reclama atenção. Uma atenção *personalizada*. Sentimo-nos extremamente incomodados quando somos considerados um mero número; seria como se nos chamassem pelos algarismos da nossa carteira de identidade. Não nos parece uma falta de consideração quando alguém nos diz: «Ei, *você aí... Tio... Moço*, poderia informar-me...»?

Será que essa experiência tão simples não é suficientemente reveladora para mover-nos a prestar mais atenção aos outros, de um modo especialíssimo ao cônjuge, para compreender que ele – tanto como nós – precisa ser reconhecido, não apenas como um ser humano individual, mas como uma pessoa peculiar, com uma identidade insubstituível? Que alegria experimentamos quando, ao cabo de um longo tempo sem nos vermos, um antigo colega, um professor, um parente afastado nos chama pelo nosso nome e se lembra de um detalhe significativo da nossa vida! E se nos alegra o acolhimento dispensado por uma pessoa relativamente distante, quanto mais não deveriam alegrar-nos a atenção e o carinho daquela cuja vida compartilhamos! Não neguemos ao cônjuge essa alegria. Que confortante é quando, ao retomarmos de uma viagem, somos recebidos com um longo abraço, ou, ao regressarmos do trabalho, somos esperados com um beijo ou com um gesto de carinho!

Nas bodas de Caná ninguém comunicou a Maria que faltava vinho. Mas Nossa Senhora, com a sua intuição amorosa, captou no ar essa necessidade. Às vezes, falta-nos essa sensibilidade: não percebemos os problemas dos outros porque não os manifestam, e assim ficam como que trancafiados nos redutos da sua solidão. Na vida conjugal, é necessário termos as pupilas de Maria.

Se nos faltam essas pupilas, corremos o risco de julgar o cônjuge pelas aparências externas e não pela verdade do seu coração. É por esta razão que os nossos julgamentos por vezes são tão primários e superficiais. Sentenciamos: «Não presta, não quer trabalhar, só pensa em si mesmo, é muito egoísta, antipático, fechado, altivo…» E não nos perguntamos por quê: «O que é que há por trás dessas atitudes? Talvez o seu mal seja mais íntimo. Talvez sofra de uma doença moral: está desmotivado, ou sofreu uma forte decepção, ou está carente de amor, ou bloqueado pelo medo, ou faltam-lhe a luz e o calor da fé…» É até aí, até essa camada mais profunda, que o nosso olhar tem de chegar. O amor tem de perfurar a placa fosca do olhar superficial que faz com que nos detenhamos na aparência das coisas, para chegarmos até as profundezas do coração e ali descobrirmos as suas carências.

2. *Respeito recíproco*. Prestar atenção, olhar em profundidade, chama-se simplesmente *respeito*; uma palavra que deriva precisamente do verbo latino *respicere*, que significa «olhar».

Respeitar é reconhecer a dignidade do ser humano, que é filho de Deus, que foi redimido pelo sangue de Cristo, que vale mais do que todos os universos criados; é descobrir no outro o mistério único da sua personalidade concreta.

Respeitar é acolher a maneira de ser do cônjuge, é não ferir a sua privacidade, os seus sentimentos e o modo peculiar como esses sentimentos se expressam em determinados momentos. Há circunstâncias delicadas – como a morte de um ente querido, o diagnóstico de uma doença fatal, um fracasso – em que uma ajuda explícita talvez não consiga entrar em sintonia com um estado anímico determinado. Qualquer iniciativa nesse sentido poderia perturbar ao invés de acalmar, especialmente se se trata desses consolos de praxe, dessas fórmulas convencionais de condolência ou desses conselhos de um otimismo superficial – «pense positivamente», dizem-nos – dados com a intenção de estimular a pessoa deprimida. O respeito, nesses casos, consistirá em ficar ao lado dessa pessoa, em silêncio, talvez apenas escutando atentamente. E nada mais. Quanto não terão consolado Marta e Maria as lágrimas de Jesus junto do sepulcro de Lázaro! Que forças não daria ao Senhor a presença silenciosa, a oração calada de sua Mãe ao pé da cruz! Talvez assim chegue um dia em que seja possível mansamente desviar a atenção de quem sofre para um mundo superior, onde o sofrimento se torna Redenção.

Sintonizar, essa é a palavra. Praticar essa arte maravilhosa de que nos fala São Paulo: alegrar-se com os que estão alegres, afligir-se intimamente com os que sofrem, fazer-se *tudo para todos* (cf. Rm 12, 15). Como é grande o alívio que experimentamos em certas ocasiões, quando alguém se mostra apenas disposto a escutar-nos com atenção e amabilidade! E, em muitas outras oportunidades, quanto não agradecemos a quem sabe apenas acolher-nos benignamente tal como somos: sem nada pedir, sem nada exigir! Ao longo do caminho da vida, talvez já tenhamos encontrado alguns desses seres humanos – tão incomuns – que em tudo nos aceitam, que em nada nos julgam ou criticam, e que no entanto nos impulsionam para os cumes... Como se na sua presença sentíssemos a comunicação de uma serenidade superior, semelhante à que nos transmite um céu estrelado aberto aos mistérios de Deus, um mar sereno...

Essa experiência íntima convida-nos a pensar se nós mesmos não poderíamos converter-nos num desses seres – tão difíceis de achar – que lembram a figura de Cristo que passa à beira de qualquer necessitado. E esse necessitado pode ser o próprio cônjuge.

3. *Educação no trato mútuo*. O respeito leva naturalmente à delicadeza e à educação no trato mútuo. A educação não é um formalismo protocolar; é manifestação profunda do respeito que a dignidade humana merece. Conta Francisco Faus, num livro significativamente intitulado *A paz na família*, que ao preparar essa obra ocorreu-lhe perguntar a um amigo, pai de uma família unida e exemplar e que acabava de celebrar as Bodas de Ouro, qual era o segredo da paz que reinava na sua família. «Confesso que

esperava umas palavras um tanto românticas – continua o autor –; por isso, surpreendeu-me a resposta: "Eu diria que o segredo da paz na família é a educação"»[10].

Não se trata apenas de evitar as discussões e os gritos pelos motivos mais fúteis, mas de usar habitualmente – sem deixar que se desgastem – as pequenas «palavras mágicas»: «bom dia», «por favor», «desculpe-me», «muito obrigado», «boa noite», «meu bem»...

Trata-se de deixar de lado as acusações exageradas e genéricas – «Você *nunca* consegue chegar na hora», «Você *sempre* tem resposta para tudo», «Você é *incapaz* de prestar atenção, não é mesmo?», «Você me deixa doente...» –, que servem apenas para levar a outra parte a entrincheirar-se numa posição defensiva ou mesmo a opor-se por simples necessidade de autoafirmação. Dizer: «Você não é capaz de levar em consideração os *meus* sentimentos, só para variar?» levará o cônjuge, automaticamente, a pensar: «Os sentimentos dela! E os meus?» E dizer: «Será que você não pode levantar-se um pouco mais cedo só uma única vez e ajudar-me com as crianças?», pode provocar este pensamento: «É inacreditável como dou o sangue por esta família todo o santo dia, e agora ela quer, ainda por cima, que eu faça o trabalho dela!»

Em vez desses modos de expressão, a boa educação carinhosa leva a pensar e a dizer, por exemplo, quando o marido costuma chegar tarde a casa: «Deve ter sido um dia difícil» ou «Você não está cansado?» E só depois, quando ele está tranquilo e teve tempo de recompor-se,

---

(10) Francisco Faus, *A paz na família*, Quadrante, São Paulo, 1997, pág. 15.

chegará o momento oportuno de fazer a necessária correção num tom que não seja acusatório: «Você sabe, quando você chega na hora para o jantar ou avisa que vai chegar atrasado, eu fico tão contente, porque percebo toda a consideração e carinho que tem por mim».

Outro tipo de sentenças profundamente nocivas são as diversas formas de expressar aqueles irritantes «eu não tinha razão?», «não falei?» Smalley apresenta algumas maneiras típicas de externar esse sentimento de autossuficiência, precisamente para evitá-las:

– Pois é... Se você tivesse feito o que lhe pedi...;
– Eu sabia!;
– Exatamente como eu pensava...;
– Só lhe peço uma *única* coisinha, e veja só o que você me faz...;
– Não consigo acreditar!;
– Você nunca presta atenção ao que a gente lhe diz, não é mesmo?;
– Está vendo?!;
– Você sempre tem de fazer tudo do seu jeito, não é?;
– Bem, espero que agora esteja satisfeito...;
– Não vou dizer nada, mas...;
– É... Quem sabe um dia você resolva escutar-me [11].

Outro problema universal do qual se queixam frequentemente as esposas é a figura do «marido desatento». Basta que a mulher tenha um assunto a tratar com ele, especialmente dos relacionados com a casa e os fi-

---

(11) Gary Smalley, *For Better or for Best*, pág. 39.

lhos, que imediatamente o jornal, a televisão, os problemas de trabalho ou os amigos assumem uma importância central e inadiável. «Fale aí, estou ouvindo», diz, enquanto os olhos permanecem firmemente cravados na TV ou na tela do computador; e ele participará ativamente do resto da conversa murmurando «Hum-hum» a intervalos regulares. Não! Não é assim! Educação significa – e exige –, como diz um amigo meu quando tem de conversar com um dos seus colegas de trabalho, «cem por cento de atenção».

A atenção pode ser solicitada delicadamente e com bom humor. Mas é preciso também *motivá-la*. Noventa e três por cento da nossa comunicação – dizem os especialistas – não se faz com as palavras. Comunicamos sentimentos e incentivamos a atenção com gestos, com expressões faciais... O rosto humano tem mais sinais linguísticos do que a escrita chinesa: um leve sorriso, um piscar de olhos, um levantar as sobrancelhas, um muxoxo dos lábios, um olhar vivo ou apagado vão transmitindo mensagens. Há pessoas cuja face está gritando: «Entre, o meu coração está aberto!»... Há outros que parecem ter-se borrifado com um repelente de antipatia e frieza... Há pessoas que, com a sua mímica irônica ou silenciosa, nos estão dizendo: «Olha quem está chegando..., parece uma múmia ambulante... Não me diga que está esgotado novamente, sr. Stress!»

4. *Empatia. Saber pôr-se no lugar do outro.* Vale a pena transcrever aqui, um pouco resumido, um texto anônimo que encontrei na Internet intitulado *Diário de um dono de casa*, ou: «*Por que as mulheres se queixam tanto dos serviços domésticos, quando só é preciso um pouco de organização?!*»:

Segunda-feira: Vou passar uns dias sozinho em casa. Minha mulher vai passar a semana fora. Ótimo, acho que terei uma semana inesquecível. Tracei um plano e programei o tempo. Também somei o número de horas de que preciso para lavar, arrumar, fazer compras e cozinhar. Estou agradavelmente surpreso de ver que ainda me sobra muito tempo livre. Não sei por que as mulheres fazem o serviço de casa parecer tão complicado, quando toma tão pouco tempo. É só organizar-se! Jantei um bife. Coloquei sobre a mesa a toalha de festa, uma vela, além de rosas – para criar uma atmosfera agradável. Bebi um copo de vinho e fumei um charuto. Há muito não me sentia tão bem.

Terça-feira: Preciso dar uma olhada na programação. Parece que requer mudanças. No café da manhã, notei que suco de laranja caseiro tem uma desvantagem: o espremedor de frutas tem de ser limpo de cada vez. Uma possibilidade: fazer o suficiente para dois dias. Aí posso lavar com a metade da frequência. Descoberta: você pode aquecer salsichas na sopa e assim ter uma panela a menos para lavar. Certamente, não pretendo passar o aspirador na casa todos os dias, como a minha mulher queria. Dia sim, dia não, é mais do que suficiente. O segredo é andar de chinelos.

Quarta-feira: Tenho a sensação de que o serviço de casa leva mais tempo do que eu imaginava. Devo repensar a minha estratégia. Primeiro passo: comprei comida pronta. Não preciso gastar tanto tempo cozinhando, já que cheguei à conclusão de que não se deve levar mais tempo cozinhando do que comendo. Fazer a cama é um problema: sair de debaixo das cobertas, depois arejar o lugar e então fazer a cama: é tudo tão complexo! Não acho necessário arrumá-la todos os dias, especialmente sabendo que voltarei a dormir nela nesta mesma noite.

Quinta-feira: Chega de suco de laranja! Como pode uma fruta de aspecto tão inocente criar tanta confusão? É inacreditável. Comprarei suco de laranja em garrafa, pronto para beber. Descoberta: consegui sair da cama quase sem desarrumar as cobertas. Tudo o que tive de fazer foi alisar um pouco o cobertor. Parei de me barbear todos os dias. Ganho preciosos minutos que a minha mulher nunca perde porque não faz a barba. Outra descoberta: não há necessidade de se comer num prato novo de cada vez. Lavar a louça com tanta frequência começa a irritar-me.

Sexta-feira: Basta de suco de frutas! As garrafas são pesadas demais e ir comprá-las leva muito tempo. Descobri o seguinte: salsichas são ótimas pela manhã. No almoço, nem tanto. E no jantar, nem pensar. Se um homem come salsicha por mais de dois dias seguidos, pode ter náuseas. Descobri que a sopa pode ser ingerida diretamente da lata. Tem o mesmo gosto. Sem vasilha, sem concha! Não me sinto mais um lava-louças automático. Parei de esfregar o chão da cozinha. Aquilo me irritava tanto quanto fazer a cama.

Sábado: Hoje é dia de fazer a barba, mas não consigo mais encontrar nem o barbeador nem qualquer outra coisa no banheiro. A paciência está no limite. O café da manhã será algo que não precise desembrulhar, abrir, fatiar, espalhar, cozinhar nem mexer. Tudo isso me irrita. Plano: almoçar diretamente na sacola, em cima do fogão. Sem pratos, talheres ou qualquer outro absurdo. As gengivas estão meio inflamadas. Talvez seja a falta de frutas, tão pesadas de carregar, ou de escovar os dentes, já que não consigo lembrar-me de onde deixei a minha escova. A minha mulher ligou-me à tarde e perguntou se lavei as janelas e as roupas. Caí num riso histérico. Disse que não tive tempo.

Domingo: Estou sentado na cama vendo na TV as pessoas comerem todos os tipos de comida e guloseimas. Fiquei com água na boca. Estou fraco e de mau humor. Devia tomar banho, fazer a barba, pentear-me, lavar a louça, arrumar a casa, fazer compras, entre outros afazeres, mas não tenho forças. Sinto que estou perdendo o equilíbrio e que a minha visão está sumindo. Num último acesso de autopreservação, rastejei até um restaurante. Comi vários pratos de boa comida durante mais de uma hora. Depois fui a um hotel. O quarto é limpo, arrumado e aconchegante. Encontrei a solução ideal para os serviços de casa. Imagino se a minha mulher já pensou nisso.

A jocosa «experiência» do nosso simpático companheiro de navegação talvez devesse ser feita por todos os maridos... Com certeza aprenderiam uma lição que não se ensina nos cinco anos de faculdade nem em outros tantos de pós-graduação: o trabalho inacreditável que uma esposa realiza dia após dia, durante anos, sem se queixar...

Mas talvez não seja necessária uma prova tão drástica. Basta fazer o esforço de perguntar-se, com empatia, com *feeling*, como dizem os americanos, em tudo o que diga respeito à vida familiar: «Que pensa ela disto?

Que acharia daquilo?»; ou: «Por que está tão cansada hoje? Por que está amuada esta noite?» Com um pouco desse *feeling* baseado no senso comum e nas diferenças já analisadas entre homens e mulheres, e na progressiva experiência familiar, as coisas podem melhorar muito. E se isto vale para os homens, também se aplica às mulheres.

Quantos pequenos conflitos – que, acumulados, podem tornar-se enormes – não se poupariam se houvesse esse esforço permanente! O marido que resolve «surpreender» a cara-metade com uma pintura completa da casa, desarrumando tudo, quando o que ela queria era só que consertasse o forro da cozinha? Ou a leva para passear no Pico das Agulhas Negras no feriado, quando ela detesta montanha? Ou resolve, entusiasmado, dar-lhe como presente de aniversário de casamento um fim de semana viajando, quando o que ela desejaria era pouca movimentação, tranquilidade e conforto?

Atitudes desse tipo dão lugar a «decepções mútuas». O marido não consegue esquecer a cara de desapontamento da esposa, e fica ressentido porque ela não gostou («Esta mulher é impossível de agradar. Nunca gosta de nada do que eu faço!»). Essas experiências negativas deveriam levar – mais do que ao aborrecimento – ao aprendizado de uma lição elementar: que pretender agradar aos outros com aquilo que nos agrada é sintoma de um amor imaturo e egoísta; e, vice-versa, que esforçar-se por conhecer os gostos e as peculiaridades do outro a fim de torná-lo feliz é um sinal de amor autêntico e amadurecido.

5. *Conversar habitualmente.* É preciso que marido e mulher cultivem o hábito de conversar. Mais ainda, que reservem ao menos um momento do dia unicamente

para dialogar: é preciso que falem sobre o importante e o trivial, sobre ninharias e problemas de vulto, dificuldades pessoais e dos filhos, o trabalho de um e de outro, as questões financeiras e tantos outros assuntos; em poucas palavras, que falem de tudo e de nada, que sejam transparentes e abram o coração.

Com o correr do tempo e o aprofundamento no conhecimento mútuo, todas as questões parecem ganhar o colorido cinzento de «coisa sabida» que não vale a pena mencionar. É preciso evitar essa armadilha da monotonia: renovar os assuntos, propor-se trazer todos os dias para casa uma novidade: algo que um amigo nos contou, uma anedota diferente, um recorte de jornal, um episódio divertido. E, enquanto conversam, *manter a televisão desligada*!!!

Parte importante desse diálogo deveria ser pôr em pratos limpos todas as queixas e dificuldades da convivência conjugal. Fazê-lo impede que pormenores sem importância degenerem em ressentimentos e mágoas difíceis de curar mais tarde.

Para isso, é preciso ganhar o hábito de *ouvir*, de considerar atenta e cuidadosamente o que o outro tem a dizer antes de responder. Sem brincar de psicólogo, é preciso procurar o significado que está por baixo da superfície das palavras, não porque se duvide da sinceridade, mas porque cada pessoa utiliza as palavras com um significado próprio –até, em algumas circunstâncias, com uma musicalidade ou tom peculiar, que também está carregado de significado – e também porque não é fácil exprimir com propriedade aquilo que se sente. É necessário chegar ao fundo. Faça perguntas, dê à esposa ou ao marido tempo para pensar e analisar bem o que quer expressar, explore a questão, até ter certeza de que você compreendeu bem o que ele ou ela quer dizer.

A capacidade de ouvir precisa ser complementada pelo empenho de vencer a tendência à *reserva*, ao fechamento sobre si mesmo, que ambos os consortes podem experimentar:

> Diane Vaughan, uma socióloga que estudou o que ocorre quando as relações deixam de funcionar, afirma que a *separação íntima* de um casal sempre começa por uma atitude reservada. O distanciamento começa unilateral e silenciosamente: um dos dois sente-se insatisfeito e não diz nada. E, como não quer dizer nada até ter absoluta certeza do que quer fazer, ou estar absolutamente farto ou desesperado, constrói um mundo privado no qual possa resguardar a sua intimidade. Este mundo é para ele um refúgio, um centro de conspiração, um arsenal.
>
> O silêncio permite que a pessoa pense, trace os seus planos e, em geral, decida o que fazer sem dar ao outro oportunidade de intervir na situação. Por vezes, chega a parecer inacreditável que duas pessoas possam viver juntas e que uma delas se distancie tanto da outra sem que esta o perceba. Os membros de um casal que se separa costumam dizer que não tinham consciência de que a sua relação se estava malogrando, ou que eram apenas vagamente conscientes disso [12].

---

(12) Diane Vaugham, *Uncoupling*, cit. por José Antonio Marina, *La selva del lenguaje*, pág. 172.

6. *Tomar decisões em comum.* Muitos homens sentem-se na obrigação de mandar em casa, ou ao menos de ter oficialmente a última palavra. Que acontece quando o homem toma todas as decisões sem consultar a mulher? Que a mulher se sente insegura e preterida. Mas também não faltam as mulheres dominadoras, que fazem o marido sentir-se estúpido e deslocado. O resultado costumam ser brigas e discussões infindáveis.

«Consorte» significa, no seu mais profundo sentido, que se partilha com o outro a mesma sorte, o mesmo destino, o mesmo projeto de vida. Dentro deste conceito, entende-se muito bem que marido e mulher decidam em comum da sua «sorte», tomem em comum todas as decisões mais importantes da sua vida, levando em conta que a importância de qualquer decisão não advém apenas da sua consistência objetiva, mas também da carga subjetiva que carrega no seu bojo.

Narro, a seguir, um episódio significativo, que aconteceu faz pouco no Rio de Janeiro. Augusto acabava de completar sessenta anos e de aposentar-se. Tinha contraído matrimônio já com uma certa idade. Estava cansado. Detestava o calor do Rio e sonhava poder retirar-se para algum sitiozinho lá pelos lados de Teresópolis. Sempre que ele e os seus passavam por lá, ia reparando nas casinhas simpáticas escondidas na mata... e fazendo os seus comentários. Os filhos repararam.

Patrícia, sua esposa, quinze anos mais nova, trabalhava no Rio como nutricionista. Estava muito interessada no seu serviço e ganhava bem. Não estava disposta a morar na serra. Alegava também o prejuízo que representaria a mudança para a educação dos filhos. Estes, contudo, diziam que gostavam de Teresópolis e que lá também havia bons colégios... Patrícia, porém, fechava-se... Parecia não haver solução para o problema.

Um dia, Pedrinho, um dos filhos, perguntou à mãe, estando à mesa: «Mãe, se o pai tivesse sido mandado pela firma para Manaus, você o teria acompanhado?»... Patrícia respondeu imediatamente, talvez sem reparar na «armadilha»: «Mas é claro, meu filho, como ia deixar o seu pai sozinho?» E o Pedrinho deixou cair «de leve»: «Mas, mãe, Teresópolis está mais perto...» Todos riram, menos Patrícia. Não disse nada, mas «encaixou o golpe», ficou perturbada.

Na festa que os filhos fizeram para os pais por ocasião das bodas de prata, eles se desdobraram para contentá-los. Uma das surpresas da programação consistia em passar um filme que os filhos tinham feito, sem os pais perceberem, com cenas carinhosas e divertidas da família. De repente, a câmara focalizou uma simpática casinha de estilo normando rodeada de árvores e gramado... e uma voz «em *off*», sem outros comentários, murmurou: «Eis a casa sonhada pelo papai...»

Patrícia compreendeu. Ela e Augusto conversaram longamente. Chegaram a um acordo em que ambos usaram de muita compreensão e ternura. Começariam alugando uma casinha em Teresópolis, Augusto iria para lá às quintas-feiras à tarde e Patrícia com os filhos às sextas... Depois, no futuro, ponderariam qual haveria de ser a solução definitiva.

A partir desse incidente, Augusto e Patrícia resolveram não tomar decisões nem cultivar projetos futuros sem estudá-los em conjunto.

Mas não é fácil tomar decisões em conjunto, porque cada um tende a considerar que o seu modo de enxergar todas as questões é o *melhor*. Que fazer então? Não há uma resposta única, pois a «técnica de negociação» pode variar de casal para casal. Apontamos um «método» que pode servir como sugestão:

– ambos fazem, em particular, uma lista das razões *a favor* da decisão a ser tomada (a venda de um bem de certa importância, por exemplo: «Se vendermos, que acontecerá?»);

– ambos fazem, ainda em particular, a lista das razões *contra* a decisão («Se não vendermos, que acontecerá?»);

– cada qual lê o que o outro escreveu;

– por fim, ambos conversam sobre as vantagens e desvantagens, procurando chegar à melhor decisão final.

É evidente que só vale a pena fazer isso quando é difícil chegar a um acordo em questões de certa importância. Na maior parte das vezes, uma brevíssima troca de ideias resolverá o problema. O que marido e mulher precisam ter, isso sim, é a consciência de que muitas vezes terão de estar dispostos a sacrificar os seus pontos de vista e caprichos pessoais.

E que fazer quando, mesmo assim, há impasses? Normalmente, o melhor será adiar a decisão, ponderar, deixar amadurecer a questão à espera de poder dispor de mais dados. E nesse meio tempo, para não deixar que a diferença de opiniões abale a unidade familiar, demonstrar mais intensamente o carinho e a compreensão mútuos. Em todas as circunstâncias é preciso adotar o critério de que a solução a ser encontrada deve visar o *bem da família como um todo* e não o bem particular de cada cônjuge.

7. *Criar tempo para atividades comuns, feitas em família.* A apreciação que anotamos a seguir vem do já citado Gary Smalley:

> Num período de três anos, entrevistei mais de trinta famílias que estavam muito satisfeitas com o seu relacionamento intrafamiliar; e não se tratava de uma satisfação superficial, mas de um amor e realização profundos. Provinham de diversas origens geográficas e sociais, e a base económica variava entre muito modesta e muito desafogada. Mas todas essas famílias tinham duas coisas em comum, uma das quais era a *preocupação de estarem juntos*. Em todos os casos, tanto o marido como a mulher procuravam regularmente não marcar atividades que pudessem afastá-los um do outro ou dos filhos. E evitavam também atividades que não contribuíssem para o bem-estar da família toda.
>
> O planejamento cuidadoso era uma chave essencial nesses lares. Apesar de haver um certo grau de flexibilidade para que cada um pudesse cuidar dos seus interesses individuais, cada membro da família se esforçava por *ser parte* dessa «unidade de auxílio mútuo». A família parecia ser uma «pessoa» com entidade própria, alimentando e protegendo os interesses comuns. Era típico que marido e mulher passassem algum tempo em atividades conjuntas, dando mais espaço às atividades com os filhos. Quando um dos membros participava de uma atividade individual, os outros faziam um esforço para apoiá-lo (por exemplo, a família inteira ia assistir aos jogos em que participava um dos filhos).

E a outra coisa comum que chamava a atenção em todas essas famílias felizes era o seu gosto pelo *camping*[13].

Não há perigo de que eu venha agora a propor como um bom remédio, a quem não gosta de acampar, que enfrente mosquitos, mutucas, muriçocas e todo o resto da fauna que costuma cercar os campistas, que durma no chão irregular de uma barraca e suporte noites de chuva tropical e relâmpagos praticamente ao relento. Mas a verdade é que algum tipo de atividade feita *em família* ajuda imensamente a unir todos os membros e fornece assunto de conversa para muito tempo. E não se deveria ter medo das dificuldades enfrentadas em comum, que muitas vezes adquirem a sua verdadeira dimensão quando se encaram com um pouco de bom humor, e que contribuem poderosamente para desenvolver o senso de solidariedade entre todos. Quando há essa fusão de interesses, também as pequenas e grandes tragédias da vida são enfrentadas em conjunto e ganha-se assim em forças e recursos para superá-las.

Se não existe o perigo de eu vir a recomendar «atividades radicais», no entanto existe o de eu recomendar, e muito vivamente, que a família se reúna para rezar. A minha experiência nesta matéria revela quanta razão tinha aquele *slogan* dos anos sessenta: «*Família que reza unida permanece unida*». Os fios invisíveis da oração estreitam laços, colocam o coração no mesmo e mais elevado vér-

---

(13) Gary Smalley, *For Better or for Best*, págs. 197-198.

tice, que é Deus. A graça que o Senhor dispensa com a oração é como um manto protetor e aconchegante que une toda a família. É bom, por exemplo, um encontro, aos sábados à noite pelo menos, para rezarem juntos o terço; o esforço por estarem todos presentes na hora da bênção dos alimentos; o de participarem da Santa Missa em família; um preparo em conjunto para as principais festas litúrgicas... Há famílias que têm o costume de fazer a Novena do Natal ou de participarem unidas da Missa do Galo ou dos ofícios do Tríduo Pascal. Enfim, cada uma tem as suas tradições.

Não há dúvida de que é preciso sacrificar uma série de gostos e preferências pessoais e uma parte do próprio tempo para participar das atividades comuns. Mas é precisamente isso o que desenvolve o senso de união, de pertença ao todo: que valor daríamos a algo que não nos custasse nada? E a família – depois de Deus – é o que todos temos de mais valioso. É extraordinariamente positivo que, precisamente neste nosso tempo em que tudo parece avaliar-se em termos de produção e dinheiro, essa união familiar se viva com especial esmero... Não há melhor «empresa», já dizíamos, melhor «negócio», do que uma família unida.

OS REMÉDIOS PARA AS CRISES

A personalidade humana é insondável. Um homem é um mundo. Uma mulher tem profundezas abissais. Às necessidades de afeição, de ternura, misturam-se os naturais apelos sexuais e o grande, o imenso, instinto maternal e paternal. Se a isso juntarmos a incomensurável carência que todos temos desse algo inominado e indefinível que é o Absoluto, o infinitamente Belo e Bom, essa sede que, talvez inconscientemente, temos de Deus, compreenderemos que o amor entre um homem e uma mulher e a problemática que encerra não se pode reduzir a soluções que nos advenham de conselhos «de algibeira», de receitas «estereotipadas», de remédios de «supermercado psicológico». Trata-se de algo tão delicado que, ao abordar este tema, todos os cuidados e ponderações são pouco.

Entre as considerações que é preciso fazer ao iniciarmos este capítulo está, em primeiro lugar, a que se refere à nossa *responsabilidade pessoal*. Vivemos num clima em que tudo parece subordinar-se à *responsabilidade coletiva*, ao *modelo cultural, econômico* ou *sociológico*. Pensamos que é muito difícil viver os princípios cristãos numa época em que também mudou o *modelo familiar*, o *modelo matrimonial*: os costumes modificaram-se, a virgindade e a castidade já não são valorizadas – muitas vezes até são ridicularizadas –, a fidelidade é virtude rara, o relacionamento sexual de acordo com a natureza e o respeito às leis naturais da procriação parecem suplantados pelo imperialismo do prazer, da filosofia barata, tantas vezes repetida, de que «na cama vale tudo e ninguém tem nada a ver com isso...». Num mundo assim, é muito difícil assumir todas as exigências de um matrimônio cristão: «Eu não tenho estofo de herói para lutar contra a corrente, sou um homem do meu tempo e não da Idade Média, vivo de acordo com o *modelo matrimonial* dominante..., não tenho obrigação de ser diferente»...

Diante dessa atmosfera que se inclina a colocar o acento não na responsabilidade pessoal, mas nas «estruturas», vem-me à memória um princípio formulado por Mikhail Gorbatchov, o último chefe do partido comunista russo antes da sua queda. No seu livro *Um novo início*, dizia-nos com certa amargura que, nos primeiros anos da *perestroika* – o movimento de reforma da estrutura comunista que ele lançara –, ao observar como a maioria delegava a responsabilidade da reforma nos mecanismos do «sistema», teve de cunhar o seguinte princípio: «*Comece a perestroika por si mesmo*». Queria com isso incutir nas pessoas que toda a modificação das estruturas econômicas não levaria a lugar algum se não houvesse uma mudança das estruturas mentais e caracterológicas de cada um.

A conclusão que devemos tirar é clara: somos *nós* que temos a *responsabilidade pessoal* de construir um matrimônio de acordo com os desígnios de Deus, sem diluir essa responsabilidade nas «estruturas», nesse oceano de desculpas que a dissolução dos costumes reinante nos facilita. É oportuno lembrar aquele ponto de *Caminho*, do São Josemaria Escrivá:

> «Influi tanto o ambiente!», disseste-me. E tive que responder: – Sem dúvida. Por isso é mister que seja tal a vossa formação, que saibais levar convosco, com naturalidade, o vosso próprio ambiente, para dar o «vosso tom» à sociedade em que viveis.
>
> E então, se apreendeste esse espírito, tenho a certeza de que me dirás com o pasmo dos primeiros discípulos, ao contemplarem as primícias dos milagres que se operavam por suas mãos em nome de Cristo: «Influímos tanto no ambiente!»[1]

A esta ponderação global, podemos acrescentar outra semelhante e mais específica: *de nada adianta responsabilizar o cônjuge pelos problemas matrimoniais*. Numa crise, sempre há duas pessoas envolvidas: a crise é de ambos. Cada qual tem de fazer a *sua* parte. Uma das principais armadilhas que as crises trazem consigo é precisamente esta: que se pensa, com razão ou sem ela, que é a ou-

---

(1) Josemaria Escrivá, *Caminho*, n. 376.

tra parte que tem de mudar! «Eu já tentei mil vezes... Não vou rastejar, estendendo a mão para pedir desculpas por algo de que não sou responsável... Também tenho a minha dignidade...» Essa atitude altiva barra qualquer possibilidade de iniciar o necessário processo de reconciliação. É preciso ponderar que algo tão sério como a família não pode naufragar por causa das más disposições do orgulho ferido.

E ainda outra ponderação prévia: este capítulo, que oferece remédios para sair das crises, serve igualmente para conseguir não entrar nunca nelas; são *remédios tanto preventivos quanto terapêuticos*. Por isso, é útil também para quem vai contrair matrimônio e para os casamentos harmoniosos: mais vale prevenir do que remediar.

Por último, convém lembrar algo que sempre deveríamos ter presente: *a crise nunca é algo definitivo*. Com a graça de Deus e o esforço pessoal, todas as crises podem ser ultrapassadas. Deus está mais interessado na felicidade dos cônjuges do que eles mesmos, e Ele é infinitamente poderoso. Não o esqueçamos.

Renovar a admiração pela pessoa do cônjuge

O homem deve admirar sempre a esposa, e a esposa, o marido. Um e outro são criaturas que Deus elevou à condição de filhos seus queridíssimos. Todos deveriam poder dizer o que o primeiro homem exclamou entusiasmado, naquela alvorada da História, diante da companheira que o Senhor lhe presenteou: *Esta, sim, é que é carne da minha carne e osso dos meus ossos* (Gn 2, 23). Sim, e poderia ter acrescentado: «Esta será sempre a companheira de todos os meus dias, de todas as minhas alegrias e penas. Onde quer que ela esteja, ali estará o meu paraíso». Esta seria, segundo o escritor americano Mark Twain, a inscrição que Adão teria gravado na tumba de Eva [2].

É preciso aprender essa soberana verdade que nos ensina a ter extremo apreço – um apreço admirativo – pela pessoa do cônjuge: na saúde e na doença, no êxito e no fracasso, no atrativo que suscita a sua juventude exuberante e na indiferença a que parece levar a perda dos seus antigos encantos... Admirá-la nas diversas circunstâncias e diferentes etapas da vida é uma atitude fundamental que não só deve conservar-se, mas crescer ao longo da vida conjugal.

Há uma intensidade emotiva nos primeiros anos, mas também existe uma indizível beleza nos anos posteriores. Quantos não há que desvendaram a beleza escondida no cônjuge nos momentos de dor, de fracasso e de doença! Quantos não há que descobriram a formosura especial do marido ou da esposa precisamente na idade madura, no outono da vida... Como são belas as paisagens do outono com as suas folhas douradas, com a suave melancolia dos seus crepúsculos, tão contrastantes com a verde exuberância da primavera juvenil ou a brancura dos cabelos nevados no inverno da existência... Cada etapa da vida, como cada estação do ano, tem os seus valores e os seus encantos. Viver é saber descobri-los e admirá-los em tempo e hora oportunos.

---

(2) Cit. por Luis e Carmen Pablo de Riesgo, *Amor conjugal y educación de los hijos*, em *Mundo Cristiano*, Palabra, Madri, junho de 1996, págs. 39 e segs.

É necessário que os esposos saibam purificar, depurar o acidental para encontrar lá no fundo o permanente e o essencial: o essencial escondido naquele corpo macerado, deitado numa cama de hospital, que já vibrou apaixonadamente pelo consorte; o essencial daquele ser humano deprimido e desencantado que já foi empreendedor, otimista e corajoso; o essencial submerso na personalidade única e intransferível da pessoa amada, que traz gravada no fundo da alma toda a dignidade humana de um filho, de uma filha de Deus.

Esse amor essencial, que tem a sua expressão mais viva e genuína no amor dos noivos, não pode ir-se esvaindo aos poucos a partir da lua de mel. Poderá mudar de feição, mas não de substância. É o que nos recorda o São Josemaria Escrivá:

> Àqueles que foram chamados por Deus para formar um lar, digo constantemente que se amem sempre, que se amem com aquele amor entusiasmado que tinham quando eram noivos. Pobre conceito tem do matrimônio – que é um sacramento, um ideal e uma vocação – quem pensa que a alegria acaba quando começam as penas e os contratempos que a vida sempre traz consigo. Aí é que o amor se torna forte. As enxurradas das mágoas e das contrariedades não são capazes de afogar o verdadeiro amor: une mais o sacrifício generosamente partilhado. Como diz a Escritura, *aquae multae* – as muitas dificuldades físicas e morais – *non potuerunt extinguere caritatem* (Ct 8, 7) – não poderão apagar o carinho[3].

Gostaria muito de contar uma dúzia de casos em que

---

(3) Josemaria Escrivá, *Entrevistas com Mons. Josemaria Escrivá*, n. 91.

eu mesmo pude verificar como as dificuldades físicas e morais não só não mataram o amor, como acabaram por torná-lo mais profundo e substancial. Mas prefiro relatar um caso especialmente significativo estudado pela dra. Ana Maria Navarro, especialista em Orientação Familiar com mais de vinte anos de experiência, membro do Instituto de Ciências da Educação da Universidade de Navarra.

Oscar Vásquez e Yolanda Ruiz tiveram um relacionamento conjugal prolongado durante mais de um quarto de século. Toda uma vida. Mas a sua vida em comum poderia ser definida pela fórmula: «Nem contigo nem sem ti, / têm os meus males remédio. / Contigo, porque me matas, / sem ti, porque me morro».

Oscar, viúvo, tinha quarenta e cinco anos e Yolanda, vinte e dois. Ele era homem de posses, fundador e diretor de uma empresa. Depois de várias dificuldades no namoro, casaram-se. Um ano depois, tiveram o primeiro filho. Yolanda reparou que, para um homem de mais idade como o seu marido, esse filho representava principalmente a *continuidade*. Parecia dar mais importância ao filho do que a ela. Assim, sem avisar a esposa, Oscar convidou todos os empregados da firma para festejar o nascimento da criança, assumindo ele próprio a organização do *buffet*. Yolanda ficou zangadíssima e saiu de casa, embora tenha voltado pouco depois, a conselho da irmã.

Oscar, para agradar-lhe, deu-lhe um anel gravado com o selo da família Vázquez. Mas o presente só despertou nela um movimento de rebeldia interior:

«Quero ser Yolanda *Ruiz*, não Yolanda *Vázquez*!»

Nasceram mais crianças. Cada nova gravidez era uma alegria para Oscar, mas não para a esposa. Se ela se queixava, Oscar supria tudo com dinheiro: uma babá, mais eletrodomésticos, um segundo carro... Yolanda tomou consciência de que o marido não contava com ela para as suas decisões e pretendia resolver tudo com dinheiro.

De repente, surgiram dois grandes problemas: a empresa de Oscar faliu e, no meio das angústias, ele teve um enfarte ao subir as escadas de casa, caiu rolando estrepitosamente e sofreu uma fratura craniana. Todos o consideravam um homem morto, mas Yolanda, não. Cuidou dele de forma extremada, dia e noite; conseguiu com a sua iniciativa e diligência a liquidação da empresa e a indenização dos empregados; obteve bolsas de estudo para os filhos; levou para a frente o lar e soube lidar maravilhosamente com o marido, na sua cadeira de rodas.

Falava dele com orgulho. No trabalho, referia-se a ele como «o meu aposentado»; diante dos filhos, como «o vosso pai»; e às amigas dizia: «Que ele não me venha a faltar, muito embora esteja numa cadeira de rodas; sinto-me protegida por ele».

Passou a ter dois fins muito claros: tornar Oscar o mais feliz possível e conseguir que os filhos o admirassem.

Hoje, Yolanda surpreende a todos pela sua capacidade de trabalho, pela sua engenhosidade e bom humor [...]. Mantém viva a presença do marido, ainda que inutilizado e dependente dela em tudo; sempre fala aos filhos do pai que admiram como modelo. Ela mesma herdou-lhe a experiência empresarial.

Como interpreta a Dra. Navarro este caso singular?

O gráfico dessas duas vidas começa assim: Oscar no alto, Yolanda em baixo. Ela depende dele. Essa situação, marcada por uma seta vertical descendente, mostrou-se incorreta. Os dois deveriam mover-se num plano de igualdade. Oscar pretendeu conquistar Yolanda, mas de fato, sem o querer, acabou por absorvê-la.

Yolanda reage, zanga-se porque as suas funções dentro de casa foram suplantadas sem o seu consentimento. Pela primeira vez, toma consciência dos seus direitos. O diagrama já não indica uma seta vertical de cima para baixo, mas oblíqua, inclinada e sinuosa, cheia de problemas e crises.

Foi uma circunstância nova – o enfarte de Oscar – que mudou a direção da seta. A seta que unia Oscar e Yolanda tornou-se, a partir de então, horizontal. Assim como inicialmente ela dependia dele, quando ele era um empresário brilhante e ela uma jovenzinha inexperiente, agora é ele que depende dela, mas num plano de igualdade, isto é numa linha de equiparação conjugal.

A autora pergunta-se:

O fator decisivo da mudança terá sido porventura o infeliz acaso, o acidente de Oscar? Seria muito triste concluir que o nosso destino é fabricado por acontecimentos imprevistos. Mas também não podemos esquecer que eles «estão aí», às vezes como estopim de novas atitudes. E foi isso o que aconteceu: através dessa circunstância, Yolanda descobriu que realmente amava Oscar.

O enfarte ofereceu-lhe a oportunidade de *se doar* ao marido, de lhe doar uma parte dela: o seu tempo, a sua capacidade.... Ela surpreende-se de possuir essa capacidade e ele enche-se de orgulho e admiração.

E a Dra. Navarro conclui:

> Oscar descobre Yolanda, Yolanda descobre-se a si mesma. No fim, não se sabia o que era próprio de Yolanda e o que era próprio de Oscar: os dois eram um único ser. Aquele anel já não deveria trazer apenas o escudo dos Vázquez, mas um círculo – a letra O de Oscar – dentro do qual estaria gravado um Y, de Yolanda. Esse anagrama significaria a consumação gráfica de um casamento fiel [4].

Este caso real faz-nos pensar novamente na importância de saber descobrir, admirar e valorizar o outro cônjuge no mistério da sua intimidade essencial. Descoberta que com frequência só se consegue quando a passagem do tempo ou algum acontecimento doloroso desvenda a aparência superficial que encobre os fatos e as pessoas. A fidelidade é habitualmente uma longa espera na qual se vão tornando patentes os valores que encerram as diferentes etapas da nossa existência e as potencialidades de amar contidas no coração humano.

Procuremos sintetizar brevemente alguns conselhos práticos que podem ajudar a alimentar, manifestar e, se

---

(4) Ana Maria Navarro, *La realización de los cónyuges*, Palabra, Madri, 1996, págs. 234 e segs.

for o caso, restaurar a admiração pelo cônjuge:

1. *Encontrar o que há de admirável no consorte*. O marido ou a esposa talvez cheguem a experimentar alguma vez, diante de certas atitude do cônjuge, sentimentos de irritação, humilhação, ofensa ou mesmo repugnância, mas a admiração tem que perfurar a superfície do *fazer* – das atitudes e dos atos – para chegar à profundidade do ser. Amar é saber mergulhar fundo naquilo que as pessoas *fazem* para encontrar, no seu âmago, aquilo que elas na realidade *são*.

Algumas vezes, a expressão «o amor é cego» revela uma verdade. Outras, no entanto, não corresponde à realidade. Mais ainda, penso que o amor, em muitas ocasiões, é penetrante, incisivo, clarividente. Vale a pena, por isso, tentar recordar o que se conseguia enxergar de admirável na esposa ou no marido nos tempos de namoro e noivado: essas qualidades não desapareceram; na maior parte das vezes, o problema é que os cônjuges se esqueceram delas, se acostumaram rotineiramente com elas.

E muito comum que as mulheres e os homens julguem conhecer absolutamente tudo sobre as suas caras-metades. Plenamente confiantes, dizem: «Sei perfeitamente por que ela age assim ou assado» ou «Conheço-o de alto a baixo». Mas basta fazer umas poucas perguntas para verificar que essa esposa ou marido «sabe-tudo» sabe muito menos do seu consorte do que pensava. Muitos casais, pensando que conhecem intimamente um ao outro, na verdade vivem anos a fio num nível superficial. É por isso que depois acontecem as frustrações e as desilusões. É preciso aprofundar. O ser humano é insondável.

Por cortesia para com um grupo de bispos que vieram ao Rio, esta manhã acompanhei-os no trem da estrada de ferro que sobe o Corcovado até o Cristo Redentor. A jovem estagiária, estudante de Turismo, que orientava o passeio, ia-nos falando da construção da estrada, do trabalho de D. Pedro II nesse sentido, do reflorestamento da mata da Tijuca... O trem subia fatigosamente a encosta, envolvido pela exuberante vegetação... De repente a moça disse: «Agora vamos entrar na curva do *Oh!* Os senhores logo descobrirão por que se chama assim». O trem deu uma rápida virada à esquerda, e subitamente a floresta abriu-se para uma paisagem maravilhosa: a montanha que despencava entre grandes blocos de pedra abraçados pela floresta tropical até a praia da Barra, aberta para o azul infinito do mar e do céu... Todos exclamaram «*Oh!!!...*»

Como hoje mesmo estava escrevendo este capítulo do livro, pensei em você, querido leitor, querida leitora... No meio do mato que encobre a paisagem do amor, você deveria saber enxergar novos ângulos na beleza do seu cônjuge, no seu olhar, na sua forma de sorrir, de ajeitar um ramo de flores num vaso. É saber admirar-se, saber dizer *Oh!* Um cônjuge que não exclame – pelo menos interiormente – uma vez ao mês um *Oh!*, é que está permitindo que o amor e o matrimônio desmoronem pouco a pouco: «*Oh!* Quanto cuidado dedica aos nossos filhos... *Oh!* Como cuida de mim com carinho quando estou doente... *Oh!* Como está sempre disposta a prestar um pequeno serviço... *Oh!* Como o seu olhar é meigo e brilhante»...

É preciso despertar para a admiração! É necessário que, na vida conjugal, se repitam com frequência as curvas do *Oh!*...

Adentremos na dimensão admirativa, partamos para «a descoberta do outro», como se diz no título da famosa obra de Gustavo Corção. Façamos *tábua rasa* das opiniões negativas que possamos ter sobre o cônjuge; redescubramos as suas virtudes; empenhemo-nos em enxergar o lado bom das suas peculiaridades e modos de ser pessoais; recordemos tudo o que já fez e que nos impressionou favoravelmente; em suma, tomemos a admirar-nos das suas qualidades pessoais, redescubramos a sua irrepetível personalidade humana e a sua inigualável condição de filho de Deus.

2. *Expressar o apreço pelo cônjuge*. A admiração redescoberta tem de ser manifestada. Todos temos necessidade de um certo grau de *reconhecimento* por parte daqueles a quem amamos. Essa necessidade nada tem a ver com a mera *vaidade*, que é uma hipertrofia do próprio eu. Evidencia mais a necessidade de carinho e incentivo que todos nós temos. Neste ponto, ainda que pareça o contrário, os homens são mais «carentes» que as mulheres.

A estreita convivência dos esposos – e o consequente conhecimento dos respectivos defeitos, bem como os silenciosos juízos que se formulam interiormente nesse sentido – podem dar lugar a um trato desdenhoso, talvez inconsciente. Esse desdém manifesta-se por vezes de formas diferentes, sem que a pessoa o perceba claramente:

– num fluxo incessante de ordens e conselhos (que por sua vez levará o outro a pensar: «Ela/Ele deve considerar-me um irresponsável, a julgar pela quantidade de conselhos que me dá»);

– num comportamento que simplesmente não leva em consideração o que o outro quer, pensa ou sente (na sua qualidade de «crítica de arte», a esposa, na calada da noite, elimina a «horrível» reprodução de Rembrandt que o marido tinha pendurado na sala de visitas; «especialista em moda», cai em cima do terno que ele comprou na liquidação; ou, ao contrário, pergunta-se a si mesma: «Será que represento algo para ele? Nunca escolhe o que lhe sugiro»);

– no hábito de contradizer o cônjuge («Não, não foi em julho de 1999. Foi em *junho*!»).

E de tantas formas mais.

Muitos homens e mulheres fazem o papel de promotor público, juiz e júri ao mesmo tempo, empurrando a esposa ou o marido para o incômodo papel de réu; «pingam» sobre tudo o que ela ou ele fazem as suas críticas azedas com uma regularidade digna de melhores objetivos; submetem-no ao sol calcinante dos seus juízos impiedosos; e depois querem que esteja alegre, otimista, animado e disposto a mudar... Ora, ninguém gosta de estar casado com um juiz da própria conduta ou um «sabe-tudo» infalível. Portanto, sem cair na adulação, que sempre é desagradável ou nociva para quem a recebe, é preciso *mostrar apreço* pela mulher e pelo marido.

Isto se pode fazer por diversas formas: umas palavras carinhosas de gratidão, uma nota metida discretamente na carteira para comprar um «caprichinho», um cartão com dizeres oportunos para determinada data ou circunstância, um porta-retratos escondido na mala quando ele viaja... São recursos excelentes; mas é preciso encontrar a forma adequada ao destinatário, fugindo, por exemplo, de certas formulações melosas ou excessivamente sentimentais de que alguns maridos não gostam ou de um tipo de gracejo semi-irônico que pode melindrar as esposas.

Também é importante sempre elogiar o cônjuge diante de terceiros – colegas de trabalho, professores, parentes e amigos –, e *sobretudo diante dos filhos*, pois isto não apenas confere uma saudável sensação de segurança às crianças como acabará chegando aos ouvidos do consorte, dando-lhe a reconfortante sensação de «ter as costas quentes».

Também ajuda muito *mostrar interesse* (mas é necessário que seja um interesse real, não simulado, o que seria contraproducente) pelo trabalho, esportes, *hobbies* etc.

que atraem a esposa ou o marido; é algo que contribui em alguns casos de maneira impressionante para reforçar a união do casal. Acresce, ainda, que quem começa por se interessar por determinado assunto unicamente por causa do cônjuge, muitas vezes acaba por desenvolver pessoalmente a mesma paixão. Como aquela senhora cujo marido gostava de caça grossa, e que hoje entende tanto de armas (!), safáris e grandes felinos como ele...

3. *Manifestar indiretamente o apreço pelo cônjuge*. Talvez mais importante do que o reconhecimento direto é o *indireto*. Receber o marido bem vestida, bem-arrumada, alegre, sem queixumes quando ele regressa a casa é uma forma de mostrar-lhe quanto é querido. E poderíamos dizer algo semelhante do comportamento dele com relação à mulher: apresentar-se a ela habitualmente com um mínimo de alinho, sem ceder à tentação de pôr-se inteiramente «à vontade» em família, o que tantas vezes significa um bermudão sujo, uns chinelos de terceira, camisa com botões faltando e barba por fazer... Um inglês que viajou pelo interior do Brasil na década de trinta comentava ironicamente que o «traje nacional do brasileiro» parecia ser o pijama; não será que está na hora de melhorarmos um pouco a nossa imagem, a começar pela nossa casa?

Há, neste tema, algumas cautelas que se devem tomar para não prejudicar o apreço que se tem pelo consorte:

– é preciso evitar a todo o custo *as comparações com outros homens e mulheres*. Diante dos outros, sobretudo dos filhos, e com muito maior razão interiormente, no âmbito dos pensamentos. Aquilo que pensamos manifestar-se-á infalivelmente, cedo ou tarde, na nossa conduta, e o consorte o perceberá;

– e, igualmente, *não desconfiar das explicações* que o cônjuge dê para o seu comportamento. Pode ser verdade que o marido tenha perdido miseravelmente o tempo tomando cerveja no bar com os amigos na sexta-feira à noite – em vez de ajudá-la em casa e que a sua desculpa de «trabalho extra» seja mais furada que uma peneira. Mas se encontrar da parte da esposa um olhar de desconfiança ou acusações veladas, terá cada vez menos vontade de voltar para casa na hora. Confiar sempre envolve o risco de sermos enganados alguma vez, mas a longo prazo evita que se caia nas grandes mentiras e ajuda a corresponder a tanta confiança e apreço.

Por outro lado, uma das melhores maneiras de manifestar indiretamente esse apreço consiste em *pedir a opinião do cônjuge* nas decisões que são da própria responsabilidade. Não apenas nas grandes, que afetam de maneira importante a vida familiar, mas também nas pequenas. Ao fazê-lo, porém, é preciso não dar a impressão de estar transferindo a responsabilidade para as costas dela/e. Será interessante que a esposa não faça perguntas em aberto, como: «O que você quer para jantar hoje à noite?» (o que levará o marido a pensar: «Sei lá! Problema seu!»), mas perguntas com uma opção limitada, que mostra que ela já pensou no assunto:

«O que você prefere, bife ou lasanha?» Assim, o cônjuge tem a grata sensação de que a sua opinião é apreciada.

Por fim, não se deve ter *medo de pedir ajuda ao cônjuge* para resolver determinados problemas pessoais. O marido tem obrigação de ajudar nas tarefas domésticas. Mas, ao pedir a ajuda dele, é preciso que a esposa não o critique depois por ter feito as coisas pior do que ela: seria a melhor forma de levá-lo a não ajudar nunca mais...

4. *Tornar-se merecedor da admiração do cônjuge*. Não são raras as pessoas azedadas. Ora, esse azedume é precisamente o que faz com que aqueles que convivem com elas não se sintam nem um pouco estimuladas a julgá-las favoravelmente.

É preciso desenvolver uma *atitude positiva*. Você talvez diga: «Se o senhor conhecesse o meu marido... ou a minha mulher... se soubesse a cara de jacaré que tenho de enfrentar ao chegar a casa... se percebesse o que sofro todos os dias... É simplesmente impossível para mim ter uma atitude positiva». Muito bem. Então faça a si mesma ou a si mesmo alguma destas perguntas:

– Como me comporto com as visitas quando tenho dor de cabeça? Como me comporto quando estou apressada no supermercado e encontro uma amiga com problemas? Ou tenho muito trabalho, e um colega a quem prezo muito vem pedir-me ajuda? Geralmente, parece-nos fácil, ou pelo menos necessário, ter uma atitude positiva com os amigos e colegas de trabalho. Será que o nosso cônjuge não merece pelo menos a mesma consideração, de modo a fazer jus ao seu reconhecimento?

– Dou motivos para que o meu marido – ou a minha mulher – deseje passar mais tempo comigo?

– Que posso fazer para tornar-me mais atraente para o meu marido ou a minha mulher? Como tornar-me mais cativante do que as pessoas do seu escritório, mais do que o seu trabalho profissional, mais do que o professor de judô das crianças, do que o programa de TV, do que os seus *hobbies*, os seus amigos e amigas, os seus outros interesses?

A beleza externa e a forma física são passageiras, como todos sabemos muito bem. A beleza e a «forma» interiores são permanentes. Curioso é que costumemos investir tanto esforço no que é transitório, e tão pouco no que permanece até o fim da vida, e mais além, até a eternidade: as qualidades interiores que nos tornam dignos de admiração, as virtudes que nos fazem semelhantes a Cristo e atraem pela sua amabilidade e compreensão, pela sua abnegação, delicadeza, paciência e alegria...

Estas perguntas podem dar margem a uma longa reflexão... Gostaríamos de convidar o leitor a fazê-la por conta própria.

Assumir os erros e deficiências

Custa-nos assumir os erros. Quando reparamos numa falha, tentamos de alguma maneira justificar-nos com causas atenuantes ou dirimentes da nossa responsabilidade. E pensamos: «Não, não fui eu, foram as circunstâncias... Foi o cansaço, o excesso de trabalho, a provocação dele ou dela... E foi precisamente nesse momento delicado que ela foi fazer aquela observação infeliz, inoportuna... Precisamente naquele dia em que cheguei a casa esgotado, irritado... Eu gritei – não deveria tê-lo feito, é verdade –, mas, naquelas circunstâncias, qualquer um se teria comportado do mesmo modo»...

Sim, o nosso amor-próprio, a bela imagem que gostamos de fazer de nós mesmos, impede-nos muitas vezes de reconhecer os nossos erros. E isso dificulta, sem dúvida, o entendimento do casal: «Não fui eu, foi você... Lembre-se de que já o adverti e você não tomou cuidado»... «Absolutamente não, você está modificando os dados do problema; as coisas aconteceram de forma completamente diferente»... E surge a discussão, talvez violenta... E vão ficando arranhadas as relações.

Hoje, precisamente, conversava com um amigo engenheiro a respeito desta matéria, e ele contou-me uma divertida anedota. Um marido, homem já de certa idade, estava preocupado com o comportamento da esposa. Tinha a impressão de que ela não o escutava, não sabia se por má vontade ou por um problema de audição. Foi consultar um médico amigo.

– Faça um teste – aconselhou-lhe o médico. Quando chegar a casa, grite-lhe alguma coisa da porta; se ela não o escutar, vá-se aproximando enquanto repete a pergunta para verificar o seu grau de surdez. Depois você me conta o que aconteceu e examinaremos a sua esposa.

O marido chegou a casa e, da porta, gritou bem alto:

– Meu bem, estou chegando. Que temos hoje para o jantar?

Silêncio absoluto. Entrou na sala e voltou a dizer quase gritando:

– Que temos para jantar?

Nada. Ficou preocupado. À porta da cozinha, repetiu

a mesma pergunta. Sem resposta. Já lá dentro da cozinha, aproximando-se bem do ouvido dela, disse-lhe:

– Meu bem, poderia dizer-me que temos hoje para jantar?

A mulher voltou-se e espetou-lhe esta resposta:

– Pela quarta vez: frango!!!...

Era ele que estava surdo como uma porta!

História aplicável a tantas pessoas e a tantas coisas: quando as coisas correm mal, pensamos que o problema é exatamente o inverso do que é na realidade. Por isso, antes de emitir um juízo crítico ou tomar uma decisão drástica, será conveniente que cada qual faça um bom exame de consciência: «Não será que o surdo sou eu?»...

Há, contudo, erros substanciais, erros que parecem sem remédio. É como se, de repente, se chegasse à conclusão de que já não é possível qualquer entendimento, de que houve uma ruptura definitiva e não há outra solução senão o divórcio ou a separação.

Na quase totalidade dos casos, isso não corresponde à realidade. Diz-se comumente que tudo tem solução, menos a morte. Se tudo tem solução, é preciso que, nesses momentos delicados em que tudo parece perdido, se tenha muita cautela, não se tomem medidas irreversíveis, se dê tempo ao tempo, se peça ajuda a Deus e se ponderem as coisas na sua presença, com visão serena e cristã.

O momento mais crítico num matrimônio é aquele em que, subitamente, se recua no tempo e se pensa: «Não deveria ter-me casado com esta pessoa; fui precipitado: foi um erro que não tem conserto... Que fazer agora?» No mundo em que vivemos, rodeados de tantas rupturas, a tentação da separação e da procura de uma nova solução matrimonial pode surgir no horizonte até de pessoas que se consideram bons cristãos.

Neste sentido, dizia-me certa vez um sacerdote cheio de experiência: «Há dois grandes erros que as pessoas cometem ao casar-se: os homens pensam que a mulher não vai mudar; as mulheres, que conseguirão mudar o marido depois do casamento». É um ponto que todos deveriam ter em conta antes de empreenderem o passo definitivo do «sim» matrimonial.

Em todo o caso, se se cometeu esse erro – o de casar-se impremeditadamente –, não se pode cometer outro erro muito mais grave: separar-se e voltar a «casar-se». *Não se corrige um erro com outro!* Além de que isso colocaria a pessoa num estado habitual de afastamento de Deus, causando-lhe um mal-estar permanente, quem lhe garante que não voltará a cometer o mesmo erro pela segunda vez?

Como enfrentar um problema tão sério?

Não podemos oferecer uma solução única. Gostaríamos, porém, de apresentar um caso real estudado por um especialista na área de relações conjugais, Antonio Vázquez, que pode ser elucidativo.

> Laura era uma mulher que não via obstáculos em nada. Em poucos minutos, dava-se conta do miolo dos problemas, dominava-os e, com duas passadas, alcançava os seus objetivos. A sua liderança na turma de amigos era avassaladora. Depois de um curso brilhante, conseguiu emprego rapidamente e atingiu um nível profissional notável. Toda a sua estrutura psicológica era arrastada pela quadriga de um caráter apaixonado. Mas, quando chegou o momento de decidir o seu ca-

samento, não percebeu que os cavalos estavam desenfreados. Eram puros-sangues, mas desgovernados.

Com um olhar superficial, poder-se-ia dizer que era uma mulher frívola ou leviana [...]. Teve inúmeros admiradores, mas encaprichou-se por um só: César. Superava-o em todos os aspectos, mas estava loucamente – nunca melhor dito – apaixonada por ele.

Nunca soube dar as razões daquele furacão: era um fato que reconhecia sem paliativos. Ouvia as ponderações que lhe faziam as amigas sobre a inconveniência do casamento. Mas apenas sorria e calava-se. Tudo foi inútil. Casaram-se.

Os caprichos são como um balão: um dia desincham, e fica entre as mãos apenas uma borracha gelatinosa e informe, sem o menor interesse. O balão de Laura não lhe estourou na cara; foi perdendo ar ao longo dos primeiros meses de casamento e, antes de chegar ao primeiro ano, quando estava esperando um filho, já se tinha esvaziado.

Ficou atordoada, desiludida, frustrada. Não era nada do que tinha esperado. Tudo parecia acabado. Mas esse estado de depressão durou apenas um mês... O edifício tinha caído, sem dúvida, mas era preciso reagir. Ela era a única culpada, tinha cometido um erro tremendo. Era ela que tinha de remediá-lo. Quem não podia «pagar o pato» eram César e o filho que estava para nascer. Eles não eram os culpados. Só ela.

Se o edifício acabava de ruir, tinha de reconstruí-lo, não com materiais novos, mas com os mesmos do castelo em ruínas. O cimento armado haveria de ser a coragem de assumir o seu erro com toda a crueza.

Para voltar a construir o edifício, contava com quatro pilares que para ela eram indispensáveis:

– Se tinha assumido um compromisso com liberdade, agora tinha de fazer-lhe frente com responsabilidade.

– Seria injusto despedaçar a vida do marido e do filho por um erro exclusivamente seu.

– Qualquer pessoa – ela mesma – tinha uma capacidade inimaginável de reconstruir a sua vida.

– O seu amor, até então eminentemente egocêntrico, tinha que se abrir aos outros e dar fruto.

Estes eram os quatro pilares sobre os quais teria de apoiar a sua vida a partir daquele momento. Dia a dia, tijolo a tijolo, renúncia a renúncia, foi construindo sobre esses quatro pilares o edifício da sua família. Soube assumir o seu erro e reverter o quadro à custa de pequenos sacrifícios diários que trouxeram a felicidade ao lar e edificaram a sua própria felicidade.

Decorreram já trinta anos depois dessa decisão. Nunca mais falei com ela do tema. Bastou-me observar o esplêndido espetáculo que revela o que a grandeza de uma alma humana é capaz de fazer. Posso testemunhar que agora a família de Laura e César é uma família unida, coesa, firme, com estilo, capaz de enfrentar com um sorriso nos lábios os muitos obstáculos que se lhes apresentam.

De onde veio o segredo? Da atitude assumida por Laura. Laura soube tomar a sua vida entre as mãos e, sem melodramas, chegar à raiz do erro que cometera: «Fui eu que me deixei levar pelo capricho. Não posso fugir da responsabilidade. Seria tolice procurar uma fuga». Aonde quer que fosse, carregaria nas costas o fardo do seu equívoco: sempre trazemos a consciência conosco, não somos capazes de escapar dela.

Toda a teimosia que tinha posto na sua primeira decisão, passou a aplicá-la em outra direção. Estava em jogo a coerência da sua vida e o descalabro da vida de César e da dos seus filhos. Decidiu descobrir algo mais do que a cor dos olhos de César e as delícias do seu trato; devia procurar as molas íntimas da sua personalidade para ajudá-lo a superar-se. Compreendeu que não conseguiria nada disso em um dia; tinha que alcançá-lo esforçando-se em cada jornada da sua nova vida.

Esse projeto não era tão brilhante como a cor rosa que a sua fantasia a fizera antever no dia do casamento; agora enxergava outra cor mais cálida, mais autêntica: a cor do ouro velho. Não era efêmero como uma flor; mas era consistente como metal precioso[5].

Alguém poderia perguntar: mas, concretamente, o que foi que ela fez? Para responder a esta pergunta, teríamos que descrever as incidências cotidianas desses trinta anos. Não se trata de reparar no que ela fez, mas na *atitude* com que o fez: deu uma virada de 180 graus na sua vida. O seu egocentrismo, que não procurava senão a felicidade própria, foi substituído pela abnegação de procurar a felicidade da sua família. E nessa *inversão copernicana*, Laura conseguiu também a sua própria felicidade. Essa atitude geral deu sentido às minúcias aparentemente tri-

---

(5) Antonio Vázquez, em *Hacer familia*, dezembro de 1997, págs. 17 e 18.

viais do viver cotidiano. Esse foi o seu segredo.

Este caso real tem um sabor antológico e é claramente aplicável a muitos outros. Não podemos deixar de concordar com Gustavo Corção quando nos diz que «o amor humano, o amor do sexo, como flor espontânea dos primeiros encontros, nasce em poesia, em encantamento, mas evolui em bem-querer mais profundo e mais obscuro, e cresce, e só pode crescer, no peregrino itinerário da doação. Começa em visão e progride em obscuridade para uma visão maior e definitiva»[6].

O itinerário do amor não está feito de explosões românticas, mas de um renovado esforço de adequação às realidades concretas de cada uma das partes no sempre repetitivo viver cotidiano. E nessa adequação desempenha um papel importante: o saber assumir com humildade e retificar com coragem os inescusáveis erros pessoais.

Corrigir, não criticar

A necessidade de assumir os próprios erros e deficiências complementa-se com a necessidade de *corrigir* os erros alheios. Todos temos necessidade de ser corrigidos, por mais maduros, experientes ou responsáveis que sejamos. Quanto mais responsabilidades tivermos, mais importante é que reconheçamos essa necessidade, pois quanto mais importante o papel de uma pessoa, maiores serão as repercussões dos seus erros. É uma necessidade vital!

---

(6) Gustavo Corção, *As fronteiras da técnica*, Agir, Rio de Janeiro, 1963, pág. 47.

Mas, para corrigir, será necessário dizer ao cônjuge (como também aos filhos e aos amigos) coisas que prevemos que lhe serão desagradáveis. Não fazê-lo, porém, seria uma *omissão culpável* ou uma *falta de coragem*, se não uma autêntica covardia. Seria o mesmo que dizer: «Não adianta, ela/e não *quer* melhorar... Não tem jeito mesmo, é um preguiçoso nato, ou um mentiroso incurável, ou uma perdulária sem conserto». Será que nós gostaríamos que fizessem de nós esse tipo de juízos? Que nos considerassem «incuráveis», que nos «descartassem» silenciosamente?

Quando as pessoas não têm a coragem de corrigir, passam a *pensar mal* dos outros, a formar juízos negativos que, cedo ou tarde, desembocam nesses ressentimentos que diagnosticamos acima como uma das principais causas da ruína de muitos casamentos. Num lar em que os cônjuges têm, pelo contrário, a possibilidade de usar de plena sinceridade, de dizer um ao outro tudo o que lhes desagrada no caráter do consorte, instaura-se um clima de nobre confiança mútua, de limpidez e transparência: é um autêntico lago de águas cristalinas e oxigenadas, onde se pode respirar desafogado, com plena liberdade.

Mas é preciso não confundir a *correção* com a *crítica*. Se queremos que as pessoas ao nosso redor mudem para melhor, temos de evitar a todo o custo as críticas e queixas habituais e insistentes. Há poucas coisas piores do que uma esposa que, com a desculpa de ser «autêntica» e de «não ter papas na língua», se dedica à censura permanente e, pior ainda, a interpretar as intenções do marido: se chega tarde, é porque a família não lhe importa um pepino podre; se chega cedo, é porque é um folgazão preguiçoso que não tem nada para fazer... E o mesmo poderíamos dizer dos esposos «sabichões», que conhecem tudo melhor do que a mulher e se dedicam a dar-lhe aulas permanentes sobre todos os aspectos da sua conduta, desde o modo de preparar a comida até a forma de receber as visitas.

Quando se percebe que se está sendo arrastado pelo espírito crítico, é preciso conter a língua *mesmo que se tenha razão*, porque uma pressão excessiva leva a pessoa a sentir-se incompetente e irresponsável e, em vez de animá-la a cumprir as suas responsabilidades, faz com que se sinta desestimulada ou deseje ignorá-las: «Já que ela pensa que sou relaxado, vou ser relaxado mesmo».

Muitas vezes, porém, o que leva a esse excesso de crítica não são os defeitos do marido ou da mulher, mas as *expectativas exageradas* que alimentamos a seu respeito. Pensamos que as pessoas deveriam ser como queremos, não como são. E assim se põe o consorte na situação de quem tem perpetuamente dívidas pendentes com a família, dívidas que não é capaz de pagar.

Um breve caso: Alex estivera vivendo por oito anos sob o peso das expectativas de Aninha. Cada vez que lhe comprava algo, ou «não era suficiente», ou «era tarde demais». Quando finalmente conseguia fazer alguma coisa à altura do que ela esperava dele, ouvia algo como: «Já eram horas». Sentia-se incapaz de agradar à esposa, fizesse o que fizesse. Então, a certa altura, Aninha compreendeu que estava errada: parou de expressar as suas *expectativas* e passou a agradecer todas as tentativas ao marido. No começo, Alex ficou tão contente com essa mudança de atitude que lhe comprou mobília suficiente para reformar a casa inteira, superando de longe, realmente, todas as *expectativas* dela...

A atitude crítica – querer a todo o custo que as pessoas superem os seus defeitos utilizando maus modos, «cobranças» impiedosas ou «indiretas» –, longe de as ajudar a corrigir-se, é a melhor maneira de fazer com que se esclerosem nos seus defeitos. Passados alguns anos, um cônjuge detecta a quilômetros de distância a obstinação do outro em fazê-lo mudar, e teima em não modificar o seu comportamento precisamente nesse ponto, talvez por orgulho, talvez por um senso de autopreservação mal entendido.

Sabemos muito bem, por experiência própria, que é só quando nos vemos compreendidos e amados *tal como somos* que sentimos o desejo de estar à altura de quem nos ama. A correção, para ser eficaz, tem de nascer de um contexto habitual de afeição e respeito mútuos; e deve ser sempre *oportuna* e *delicada*.

Como consegui-lo? Aqui vão algumas sugestões que podem ser de alguma ajuda:

1. *Nunca corrija quando estiver irritado/a*. Conte até dez ou até cem, ou saia para dar um passeio, mas deixe abaixar a fervura. Considere o tema com calma (melhor se for na oração pessoal) e tenha a certeza de que o que vai dizer é unicamente para o bem do cônjuge. Assim terá a cabeça clara para formular com precisão as palavras, evitar modos de dizer precipitados que poderiam deixar feridas permanentes, e dar os argumentos necessários para fazer o outro compreender. Dê a entender que você não lhe quer menos bem por ter de dizer algo desagradável. Procure, enfim, encontrar o lado bom que todo o tropeço tem, e termine com um gesto de carinho.

Para evitar que o cônjuge se sinta humilhado, *nunca o corrija diante de outras pessoas*, especialmente diante dos filhos, empregadas, parentes e amigos. Se o fizesse, a correção não produziria os efeitos desejados, mas serviria apenas para revoltá-lo.

2. *Seja breve e objetivo*. Fale pouco, o menos possível, e explique ao consorte por que você precisa corrigi-lo, deixando claro que não está defendendo manias ou modos de ver pessoais, mas que o faz para o bem dele e da família como um todo. Use sempre *doses «homeopáticas»*, isto é, chame a atenção apenas sobre *uma* falha de cada vez. De nada adianta «entupi-lo» com mil considerações. Seja sóbrio, simples, amável, atencioso: ou seja, faça sempre aquela correção que você mesma/o gostaria de receber.

Neste sentido, pode ser interessante usar o sistema «sanduíche», intercalando a «fatia» de correção entre duas «fatias» de reconhecimento ou de gratidão, apenas para que ele perceba que a correção não significa falta de carinho.

3. *Receba com agradecimento as correções e conselhos que o seu cônjuge lhe fizer e esforce-se por praticá-los*. Impressiona e anima muito ver alguém agradecer-nos de verdade quando temos que dizer-lhe algo desagradável, mas necessário para o seu aperfeiçoamento. Impressiona e estimula ver os esforços que o outro faz por corrigir-se. Há poucas coisas que despertam mais admiração por alguém do que ver que *luta*, que se empenha por melhorar.

4. *Antes de exigir, dê exemplo*. É necessário que o marido ou a esposa viva *antes* o que pretende que os filhos e o outro cônjuge vivam *depois*. Nas veredas de montanha – difíceis e intrincadas como os caminhos das virtudes –, não bastam os mapas nem os cartazes indicadores, que assinalam, mas não andam; é necessário um guia que vá

na frente, que indique com a sua experiência as passagens mais seguras, os lugares menos perigosos, as trilhas mais diretas... Cada cônjuge, cada pai, cada mãe tem que ser esse guia autêntico. Tem que experimentar em si as virtudes que o outro cônjuge e os filhos devem encarnar: *faze o que digo e também faze o que eu faço...*

Poderíamos formular, neste sentido, algumas perguntas: Você quer que o cônjuge e os filhos não mintam? Será que você não permite em si as meias verdades, nunca fala mal dos outros pelas costas, é sempre leal, claro, transparente? *Seja o vosso sim, sim, seja o vosso não, não* (Mt 5, 17): será que esse lema evangélico representa de verdade o lema do seu comportamento?

É verdade que você deseja que os outros vivam o espírito de serviço? Então, diga-me: você evita o comodismo pessoal, a perpétua «poltrona do papai», o deixar-se servir alegando as suas muitas canseiras? É prestativo no lar, generoso com os carentes e necessitados? Esquece-se de si próprio, procura pensar nos outros, sai ao encontro das necessidades deles? Ou, pelo contrário, cria falsas necessidades ou «manias», faz de vítima aqui e ali? Se você vive assim, pouco a pouco verá que os seus familiares se tornarão igualmente individualistas, interesseiros, comodistas, avarentos e egoístas...

Todos sabemos que as crianças tendem muito mais facilmente a imitar os exemplos dos adultos do que a fazer o que eles dizem. Nada é tão repulsivo como o fariseu, que vive de aparências; em contrapartida, nada atrai tanto como o exemplo de uma pessoa que se esforça por ser autêntica, exigentemente autêntica; isto é, que vive em função das verdades e valores que proclama e em que realmente crê.

Se você se esforçar habitualmente por dar exemplo precisamente nos pontos em que quer que o cônjuge e os filhos mudem, descobrirá que não é nem tão fácil nem tão rápido mudar. Assim terá também mais compreensão e mais misericórdia, dois fatores essenciais para ajudar os outros a melhorar.

Falar com os fatos

As considerações que acabamos de fazer sobre a importância do exemplo recordam-nos um tema que se relaciona proximamente com ele, mas que frequentemente é esquecido: é o tema da *linguagem dos fatos*.

É comum ouvir entre os estudantes a seguinte frase: «Quem sabe faz; quem não sabe ensina». Não é verdade, uma vez que há muitos professores que ensinam precisamente porque sabem fazer o que ensinam. Mas no bojo desse dito engraçado há uma verdade embutida: é mais fácil falar que fazer. Já quase quatrocentos anos antes de Cristo, Aristóteles negava-se a dar aulas de Ética a quem não estivesse disposto a pô-las em prática.

Embora estejamos na «era da comunicação» – viva a Internet! –, é necessário que tanto o marido como a esposa não se dediquem a gastar saliva dando lições à «cara metade»: *é preciso fazer mais e falar menos*.

Quando um marido que chegou tarde a casa recolhe os pratos e os talheres do jantar que a esposa deixou pronto no micro-ondas, coloca tudo no lugar e deixa um bilhete para a «sua querida Marianinha» agradecendo o delicioso jantar, já não precisa pedir desculpas pelo atraso e muito menos fazer um discurso sobre as técnicas da produtividade nos trabalhos domésticos: falou com os fatos.

Quando uma mulher, no dia seguinte ao do seu aniversário – esquecido pelo marido – lhe dá um beijinho dizendo-lhe: «Preparei uma «vitamina» especialmente recomendada pelo médico para ativar a memória...», e depois dá uma gargalhada para acompanhar alegremente as palavras: «Você esqueceu o meu aniversário...», está emitindo uma mensagem em «ondas curtas» que ele nunca esquecerá: «Tenho uma esposa que vale ouro».

Quando a sogra fica doente e o marido se adianta dizendo à esposa: «Meu bem, você não quer ir à casa da sua mãe? Este fim de semana eu fico com a criançada», está aliviando, com um gesto magnânimo, a consciência da esposa, que não se atrevia a pedir-lhe esse favor precisamente nessa semana em que a pressão do trabalho era mais forte...

São gestos, atitudes vindas com naturalidade, com elegância... Dispensam palavras, protestos de «amor eterno»... É a linguagem dos fatos.

Nada atrai mais do que essa linguagem. Um cônjuge que cumpre com o seu dever é um pedagogo exímio, uma lição encarnada, um amável estímulo para quem tem um bom coração e também um excitante remorso para o negligente, uma discreta censura para o desleixado.

Uma existência devotada ao cônjuge e aos filhos é um tratado de «apostolado familiar»: ninguém deixa de aprender essas lições de desinteresse pessoal, de fidelidade indefectível à família, de encantadora simplicidade que ignora o mérito e a heroicidade da conduta, quando são vividas discreta e alegremente. Ninguém esquece essas lições quando estão permeadas de bom humor, de igualdade de caráter, de mansidão e cordialidade.

Essa vida atrai, arrasta... Como Cristo: todos queriam vê-lo, ouvi-lo, tocá-lo, porque passava pela vida dos homens *fazendo o bem* (cf. At 10, 34), porque dEle *saía uma força capaz de curar a todos* (cf. Mc 5, 30)... Era assim que cativava as multidões, que convertia os pecadores: uma mulher adúltera, um Zaqueu, uma Maria Madalena, uma samaritana, todos se transformaram com o seu exemplo. Porque o Senhor falava a *linguagem dos fatos*.

Quem resistirá ao atrativo de uma mãe, de um pai, de um esposo, de uma esposa, que passam também pela vida dos seus familiares fazendo o bem, aliviando-os dos fardos domésticos mais pesados, poupando-lhes aborrecimentos e pesares, semeando paz e alegria...? Quem poderá resistir ao atrativo de uma pessoa cuja alegria consiste em *comprazer-se em comprazer*? Não levantará à sua passagem um desejo de correspondência, recordando a todos que «amor com amor se paga»?

Basta que um dos cônjuges atue desta forma – sem petulância, sem assumir ares de «mestre» ou de «santo» – para pulverizar qualquer crise conjugal. É certo que o outro cônjuge poderá alguma vez «aproveitar-se» ou «abusar» dessa generosidade em benefício próprio, mas com paciência, com amabilidade e especialmente com oração, as pedras do seu coração terminarão por estalar e por diluir-se em gratidão.

Insisto, contudo, na ressalva: a pessoa virtuosa não pode permitir que a sua virtude brilhe de tal maneira que ofusque ou deslumbre. Parece que quem brilha assim está dizendo: «Olhem para mim, eu sou bom... Reparem em mim, eu sou o exemplo da família...» Esse brilho é repugnante. Não há coisa mais repulsiva do que a humildade que quer aparecer. E não há coisa mais desagradável do que a virtude ostensiva: a «perfeita dona de casa», o «perfeito zelador do patrimônio familiar», são figuras que incomodam. Se nos incomodam aquelas pessoas que de longe atraem e de perto afastam pela sua «frieza modelar», também incomodam os que são tão amáveis que acabam por revelar-se «melados», «untuosos», «melífluos», «pegajosos». Deus nos livre – e livre o nosso lar – de tais «virtuosos» e «virtuosas»!

A mulher e o homem autenticamente bons, integralmente bons, não querem aparecer. São sempre discretos como o sal no alimento; não se percebem. Ou melhor, percebe-se quando faltam. Como quando a morte nos separa, fisicamente, da mãe. A sua ausência... grita!

Assim é o discreto clamor da esposa e do esposo que sabem utilizar com amável simplicidade a maravilhosa *linguagem dos fatos*.

Cultivar a paciência

O amor é paciente... tudo espera (1 Cor 13, 4 e segs.). O amor-próprio, pelo contrário, é impaciente. Não sabe esperar.

Mas nem as circunstâncias nem as coisas se curvam às nossas pretensões. Tudo tem o seu ritmo próprio: a cadência dos acontecimentos e o compasso das pessoas.

Cada cônjuge tem o seu ritmo psicológico e biológico. Há pessoas que a partir das dez horas da noite estão em frangalhos e às seis da manhã se levantam lépidas; outras lembram as aves noturnas: a sua vitalidade dinamiza-se com a escuridão – ficam *elétricas* – e de manhã parecem o «bicho-preguiça»; só se recuperam depois de um bom café, lá por volta das nove. Há cabeças lentas e profundas e outras rápidas e superficiais; metabolismos vagarosos e apagados ao lado de outros acesos e irrequietos. Há temperamentos dedutivos que contrastam com outros intuitivos; e temperamentos românticos e sonhadores que conflitam com outros realistas e concretos...

Acrescentemos a isto as diferenças de sexo, de idade, de educação e de bagagem cultural, e teremos uma pálida ideia do abismo que pode separar duas pessoas casadas. Ora, se nenhuma dessas duas personalidades de vincos distintos estiver disposta a viver a virtude da paciência, obteremos como resultado um conflito permanente, um *conflito institucionalizado*, uma batalha contínua ou uma guerra fria.

A paciência leva-nos a suportar o erro, a contradição, os aborrecimentos e, de maneira geral, todas as contrariedades que nos vêm das pessoas e das coisas. Talvez se diga: «A pessoa que eu amo tem manias e defeitos que me desagradam; repete-me dez vezes a mesma coisa, ou, pelo contrário, obriga-me a repetir-lhe a toda a hora as mesmas observações; interrompe-me quando mais preciso prestar atenção ao meu trabalho... Quem não ficaria fora de si nessas circunstâncias?»

Mas cada um deveria pensar:

[O meu cônjuge] tem também as suas preocupações e os seus aborrecimentos, talvez tão graves como os meus. Quem sabe se, quando me interrompe, não tem mais necessidade de mim do que eu teria da minha tranquilidade? Por que vivemos juntos, se não é para nos ajudarmos mutuamente? São Paulo, que louva a caridade em tons do mais elevado lirismo, quando desce aos pormenores, escreve muito simplesmente: *Suportai-vos uns aos outros* (Cl 3, 13). Por acaso não sou eu também insuportável de vez em quando? Pois se eu pensasse menos frequentemente em mim mesmo, e mais frequentemente nos outros, não há dúvida de que me mostraria mais paciente[7].

Se a paciência é necessária em todas as circunstâncias da vida conjugal, há momentos em que se torna indispensável. Pude comprová-lo em muitas ocasiões.

Durante anos, por exemplo, observei num casal amigo que o marido tinha o hábito de ironizar os defeitos da esposa, humilhando-a diante dos filhos, parentes ou conhecidos. Reparei que ela sempre se mantinha calada nesses momentos desagradáveis e se limitava a sorrir, como que alheia a essas alfinetadas. Parecia estar em outro lugar.

Um dia, colocando-me na sua situação, senti-me indignado e disse-lhe:

– Qualquer mulher, na sua condição, reagiria a uma provocação semelhante e se defenderia. Por que você fica calada e sorri serenamente?

– Porque é graças a isso que estamos unidos faz vinte

---

(7) Cfr. Georges Chevrot, *As pequenas virtudes do lar*, Quadrante, São Paulo, 2015, págs. 85-86.

e dois anos.

Eu entendi: o seu sorriso não era de alienação, mas de sabedoria.

É certo que ela não merecia esse trato, e que talvez pudesse ter levado o marido a mudar de atitude por meio de uma correção. Mas nunca o fez. Foi um erro. De qualquer forma, não incidiu num erro maior: apelar para uma atitude de revolta que desembocaria numa crise.

A palavra «paciência» vem da raiz latina *patior*, «padecer», que nos fala de «saber sofrer». Já nos referimos, em alguma outra ocasião, à íntima relação que existe, tanto nas rimas poéticas como nas incidências da vida, entre o sentido da dor e o sentido do amor, que tão belamente expressa o clássico verso anônimo:

Coração que não queira
sofrer de dores
passe a vida inteira
livre de amores.

Enrique Rojas diz-nos:

> O amor entre um homem e uma mulher tem uma característica: não há amor sem sacrifício. Não existe. Por quê? Porque a condição humana é assim. O amor sem sacrifício só se dá na televisão, no folclore, nas canções de moda..., e nas pessoas imaturas que ignoram que todo o amor, no fim das contas, implica negação de si mesmo[8].

---

(8) Enrique Rojas, *Entrevista* à revista *Palabra*, Madri, outubro de 1983, pág. 43.

A paciência – capacidade de negar-se a si mesmo – sustenta o amor e é, em certa medida, como o seu termômetro, de acordo com o pensamento de Ortega y Gasset:

> O verdadeiro amor percebe-se melhor a si mesmo e, por assim dizer, mede-se e calcula-se a si próprio na dor e no sofrimento de que é capaz. A mulher apaixonada prefere as angústias que o homem amado lhe causa com a sua presença à anestesiante tranquilidade a que a condenaria o seu abandono e a sua ausência[9].

É por isso que a mulher representa com não pouca frequência a mola-mestra que sustém e reanima o matrimônio. Recordo-me do que me contava um médico amigo, professor de Medicina Psicossomática, evocando uma experiência que – segundo me disse – fora extremamente reveladora para ele. Tanto que, com alguma frequência, a propunha à consideração dos seus alunos.

Uma mulher simples, modesta, de cerca de quarenta anos, desgastada pela vida, relatou-lhe durante uma consulta um episódio que tinha marcado toda a sua vida conjugal. A partir de determinado momento, o marido começara a chegar tarde a casa, às vezes à uma ou duas da manhã. Ela ficava sempre à sua espera, arrumada, paciente, com a mesa preparada... Esse fato repetiu-se inúmeras vezes. Um dia, depois de receber o marido com todo o afeto, como sempre, recolheu-se ao leito e, julgando ele que já estava adormecida, ouviu-o murmurar estas palavras: «Eu sou uma verdadeira besta; chego tarde, massacro-a, e ela me recebe sempre com carinho...

---

(9) Ortega y Gasset, *Estudios sobre el amor*, pág. 56.

Não dou valor à mulher que tenho»... A partir desse momento, nunca mais chegou tarde e começou a tratar a esposa com extremo respeito. E essa mulher comentou, como de passagem: «Mulher que se preza bota o marido na linha». Essa foi a frase que mais impressionou o professor. «Ela enunciou um princípio – dizia-me – que toda a mulher deveria aprender».

Certa vez, ao contar essa história em sala de aula, uma aluna protestou: «Isso é "machismo". A mulher tem que reagir!» Nessa altura, interveio um colega mais maduro: «Se a mulher recebe o marido com o rolo de pastel na mão, ele não volta mais para casa. O protesto não está no grito, mas na paciência. Foi com a paciência que ela saiu vencedora».

E o meu amigo professor concluía: «Exaltar essa atitude da mulher não é fazer a apologia da submissão, mas descobrir as molas do seu poder: a *força fantástica da ternura e paciência femininas*».

A ternura, unida à paciência, é o segredo da força feminina. Mas ela conta também com outra mola secreta: o elogio, a discreta adulação. Machado de Assis, com a sua característica e fina penetração psicológica, assim se expressa:

> Eu observei que a adulação das mulheres não é a mesma coisa que a dos homens. A deste age pela sensibilidade; a da mulher confunde-se com a afeição. As formas graciosamente curvas, a palavra doce, a mesma fraqueza física dão à ação lisonjeira da mulher uma cor específica, local, um aspecto legítimo. Não importa a idade do adulado; a mulher há de ter sempre para ele uns ares de mãe ou de irmã, ou ainda de enfermeira, outro

ofício feminino em que o mais hábil dos homens carecerá sempre de um *quid*, um fluido, alguma coisa [10].

É por esta razão que a mulher deve sempre preservar esse poder da sua debilidade natural. Se se sente cansada, se tem dor de cabeça, se está com os nervos em frangalhos, deve ocultá-lo heroicamente: terá tempo de cuidar-se e de descansar quando o marido não estiver presente; enquanto estiver ao seu lado, deve estar sempre com frescor, graciosa, elástica, aberta, sorridente, disposta a ouvi-lo sobre os seus problemas, a dissipar o seu mau-humor. Ele talvez tenha acessos de desalento e se sinta incompreendido no seu mundo profissional... Então ela deve utilizar os recursos refinadíssimos do seu estímulo, da sua delicadeza, para infundir-lhe uma nova confiança no seu trabalho e em si mesmo.

Ao mesmo tempo, a intuição feminina chega a captar que é preciso fazer o homem entender que ela precisa da sua força, do seu apoio, do seu amor. O homem sente crescer a sua coragem quando a mulher mostra que precisa dele. Recordo-me de uma moça de origem italiana que conseguiu superar uma pequena crise conjugal repetindo ao marido: «*Ho bisogno di te*» – preciso de ti. Abraçava-o muito apertadamente e voltava a dizer-lhe: «*Ho bisogno di te*». Isso mexeu com esse sentimento de proteção, bem viril, que todo o homem traz dentro de si.

A força da ternura feminina deveria ser correspondida, por parte do homem, pelo equilíbrio e pelo domínio de si

---

(10) Machado de Assis, *Memórias póstumas de Brás Cubas*, São Paulo, 1967, pág. 177.

próprio. Não se trata de virtudes que devam ser cultivadas exclusivamente pela mulher.

Cada cônjuge tem as suas falhas, quedas, limitações e pecados, e é necessário encará-los com mansidão. E para tanto é indispensável dominar a irritação que provoca a nossa inveterada impaciência. Às vezes, parece-nos que a nossa irritação é dinamismo, vigor, e amiúde é simplesmente falta de maturidade e excesso de fraqueza. O domínio de si próprio e a capacidade de esperar são um sinal de equilíbrio e de fortaleza: *Melhor do que o forte é o paciente, e quem sabe dominar-se, mais do que aquele que conquista uma cidade* (Prov 16, 32).

Lembremo-nos das nossas atitudes precipitadas, dos nossos destemperos verbais, das palavras que não devíamos ter proferido no momento em que nos sentíamos feridos nas nossas fibras mais íntimas, do tom de voz que se elevava e se tornava cada vez mais estridente, das discussões que, sem sabermos como, se iam inflamando até acabarem em mútuas recriminações, acusações, agravos antigos... Lembremo-nos de todas essas coisas para compreender que a paciência, a calma – o silêncio –, nestes casos, é sinal de maturidade e de fortaleza, uma verdadeira conquista.

Neste ponto, apenas um único conselho final, dirigido aos maridos: *A sua mulher precisa da sua compreensão, não da sua boca!* Quando o marido é excessivamente sabe-tudo e completamente inepto para compreender de que é que a sua esposa precisa, o problema geralmente não é de má vontade: é de ignorância mesmo. É necessário que a esposa tenha a coragem de ensinar-lhes essa lição incansavelmente; e que eles tenham a humildade de recebê-la não uma nem duas, mas muitas vezes, até que consigam aprender essa matéria tão difícil de ser assimilada.

Pedir perdão e perdoar

Um sacerdote contou-me uma experiência que lembro aqui porque pode ser muito útil. Depois de uma pregação sobre o perdão, um senhor aproximara-se dele e dissera-lhe:

– Não concordo com a sua pregação.

– Por quê?

Com lágrimas nos olhos, aquela pessoa respondeu:

– É que eu não posso sequer aborrecer-me com a minha mulher. Ela é o que mais amo na vida, mas faz mais de um ano que não nos falamos. Que sentido tem viver assim? A minha vida está destruída, entreguei-me à bebida. A cada dia que passa, sinto-me pior.

O sacerdote olhou-o e disse-lhe:

– Por que você não a perdoa?

– É ela que não me perdoa. Não me perdoa uma infidelidade da qual me arrependo de todo o coração.

– Você já lhe pediu perdão com humildade?

– Sim. Mas não nos falamos mais. Já não somos capazes!

Chorava de verdade, sinceramente. A sua vida estava despedaçada. Vivia com a esposa na mesma casa e recebia dela serviços como comida, roupa limpa, etc., mas era como se o seu coração secasse de dia para dia. Tinha muito amor pela mulher e pelos filhos, mas estava bloqueado para dá-lo.

Então o padre teve uma inspiração e disse-lhe:

– Faça de conta que está vivendo o dia e a hora em que a sua mulher o recriminou pela sua traição. Mas pense que vocês não estão sós. Cristo está com vocês. Ele sabe de tudo e diz-lhe: «O que você fez foi muito ruim. Traiu a sua mulher. Olhe para ela: está muito triste, sente-se só e desprezada, você a magoou profundamente; não tem a quem recorrer: você é tudo para ela». Depois, Jesus dirige-se à sua esposa com estas palavras: «Eu já perdoei o seu marido. Você o perdoa também? Une o seu perdão ao meu?». Ela, então, diz chorando: «Não consigo perdoar; ajudai-me. Senhor, a consegui-lo»... Naquele momento, você, percebendo como ela sofre, para ajudá-la na sua decisão, abraça-a sentidamente, como se ela já o tivesse perdoado. E ela simplesmente abandona-se nos seus braços.

Aquele homem ficou impressionado com a dramatização. O sacerdote acrescentou:

– Agora tem de confessar-se, comungar e rezar com paciência durante uns dias. Depois, tente reproduzir com ela a mesma cena que agora acabamos de imaginar.

O homem fez exatamente o que lhe fora dito e aconteceu algo maravilhoso: a mulher reconciliou-se com ele e ambos pediram perdão aos filhos por lhes terem dado mau exemplo.

Esta experiência poderá ajudar a levar à oração pessoal tantas fraquezas e suavizar os desencontros e atritos conjugais com a presença e a graça de Jesus Cristo. Ele nos diz: *Perdoai e sereis perdoados*. Sim, seremos perdoados porque perdoamos; não seremos julgados porque não julgamos. Senão...

Bom lema de vida seria seguir o sábio conselho de São Bernardo:

> Ainda que vejais algo de mau, não julgueis imediatamente o vosso próximo, mas antes desculpai-o no vosso interior. Desculpai-lhe a intenção, se não puderdes desculpar a ação. Pensai que terá sido praticada por ignorância, por surpresa ou por fraqueza. Se o erro for tão claro que não o possais dissimular, ainda então procurai dizer a vós mesmos: a tentação deve ter sido muito forte[11].

O Evangelho mostra uma atitude característica do homem que não sabe perdoar: é a do irmão do filho pródigo, magoado com a festa que seu pai organiza para celebrar o retorno do transviado. É triste, é muito triste.

O contraste entre a atitude misericordiosa do pai e a rancorosa do irmão é tão violento que deveria fazer-nos pensar se, na vida conjugal, uma atitude de reivindicação, com gestos e olhares e palavras que proclamam a toda a hora: «Façam-me justiça!», não é um preço excessivamente caro a pagar: será que vale a pena amargurar a vida de toda uma família pelo orgulho de não querer perdoar?

Já dissemos que muitos conflitos conjugais tiveram a sua origem numa pequena ferida que se abriu através de uma ofensa que não foi perdoada. Em sentido contrário, muitos lares, abalados pelos desentendimentos, experimentaram um maravilhoso ressurgir a partir do reconhecimento de um erro, da retificação de uma atitude equivo-

---

(11) São Bernardo, *Sermão 40* (sobre o Cântico dos Cânticos).

cada, e especialmente de um humilde pedido de perdão.

Quantas vezes, a relação entre os esposos se deteriora irremissivelmente porque, num determinado momento – o momento oportuno! – não se teve a humildade de dizer: «Sinto muito!»; «Perdoe-me, fui grosseiro com você»; «Desculpe-me, por favor, estava nervosa...!». Quantas vezes também um pedido de desculpas, o reconhecimento de uma falta de delicadeza, abriu a grande avenida da compreensão mútua ou de um carinho mais profundo e maduro!

É preciso saber pedir perdão e é preciso saber perdoar com grandeza de alma, e depois *esquecer com espírito benigno*, pedindo muitas vezes no *Pai-Nosso*: «Perdoai-nos as nossas ofensas, assim como nós perdoamos a quem nos tem ofendido». Só desse modo saberemos virar a página com magnanimidade cristã.

Por outro lado, já comentamos também que pelo seu temperamento, e *não necessariamente por culpa própria ou má vontade*, as mulheres tendem a sentir-se mais facilmente feridas e, muitas vezes, são quem mais sofre, pois, mesmo que se deem conta da dose de amor-próprio ferido que pode estar na raiz do rancor – e mesmo que procurem retificá-lo através da confissão –, frequentemente não se sentem capazes de mudar. E é terrível viver nesse angustioso paradoxo: ter rancor de quem se ama, rejeitar o que no fundo mais se deseja.

Felizmente, sempre existe em todas as mulheres – e na verdade em todos nós – a capacidade de perdoar, e de perdoar de coração: «As mulheres não nos perdoam para sempre, mas gostam de fazê-lo sempre que o pedimos», diz o romancista americano Thornton Wilder[12]. Isto é mais evidente entre pessoas casadas, porque o amor, talvez esmagado pela ofensa, pressiona procurando a reconciliação. Entre cristãos, esta tendência é ainda mais forte.

Nestes casos, é necessário que marido e mulher se esforcem por resolver juntos essa situação, pois é raro que alguém consiga fazê-lo sozinho.

Para isso, é preciso que a pessoa que causou o agravo – geralmente o marido – tome algumas medidas:

1. *Tente compreender os modos pelos quais machucou ou ofendeu a sua esposa*. Repasse o que já vimos acima sobre comportamentos bruscos, grosseiros ou indiferentes e procure pôr-se na pele dela. As mulheres *precisam* de homens que compreendam a profundeza da sua dor diante de grosserias e desconsiderações que a eles poderiam parecer completamente inócuas. Nada adianta dizer: «Mas eu *não pretendia* ofendê-la», nem mesmo: «Ora, *objetivamente* não há motivos para ofender-se». Pode até ser verdade, *mas o que ela sente não é menos objetivo*. Não são raras as esposas que dizem: «Se ele soubesse quanto me doem essas palavras que me dirige de forma tão espontânea e ao mesmo tempo tão dura... Se soubesse quanto tempo permanecem guardadas na minha memória, ferindo o meu coração...».

2. *Assuma sinceramente que ao menos boa parte da culpa é sua*. Isto exige humildade. As pessoas humildes sempre estão dispostas a reconhecer uma culpa, ainda que não a tenham percebido: desconfiam que a sua índole excessi-

---

(12) Thornton Wilder, *Mr. North*, Nova Cultural, São Paulo, 1973, pág. 228.

vamente humana e egoísta pode ter causado estragos sem querer. As autossuficientes, em sentido inverso, julgam-se «impecáveis», sem compreender que essa empáfia já implica, por si mesma, um imenso defeito, um pecado não pequeno. De qualquer forma, toda a pessoa que tenha um pouco de inteligência e de bom senso deverá compreender que reconhecer uma culpa – ainda que no fundo pense estar livre dela – pode ser um bom «investimento» para conseguir a harmonia conjugal.

3. *Peça-lhe perdão expressamente pelo seu comportamento ofensivo.* Um «desculpe-me» apressado e distraído normalmente não basta. E, sobretudo é preciso evitar as formas protocolares e pouco autênticas, pois a falta de sinceridade pode ser captada a quilômetros de distância. Devem-se banir frases como estas:

«– *Se* eu estiver errado, desculpe-me; *espero* não tê-la machucado.

«– Desculpe-me por isso; *não tive a menor intenção* de magoá-la.

«– Desculpe-me por ter dito o que disse, *mas a culpa também foi sua*» (Concedamos: em muitos casos, realmente foi; mas não é isso o que interessa no momento; cada qual deve arrepender-se das *suas* faltas e pecados e não pretender que o outro se arrependa dos seus).

«– Desculpe aí; *da próxima vez* tentarei ter mais cuidado».

4. *Esforce-se de modo consistente e sincero por corrigir-se* em tudo o que a ofende. Parta do pressuposto de que ela tem uma extrema dificuldade em confiar, e precisa *comprovar* o esforço que você faz. Insisto: não é má vontade. É modo de ser! Não esqueçamos o que foi dito sobre a força insubstituível da *linguagem dos fatos*.

5. *Termine cada dia com o quadro-negro limpo.* Repasse sempre o dia e procure que nunca figurem ofensas ou faltas de consideração pendentes para o dia seguinte. É o que já dizia São Paulo: *Não deixeis o sol pôr-se sobre a vossa ira* (cf. Ef 4, 26). Talvez não seja possível deixar de irritar-se alguma vez, mas sempre é possível pedir perdão antes de deitar-se.

Paralelamente, a esposa deveria levar em conta os seguintes conselhos:

1. *Esforce-se por não julgar, por compreender.* A brusquidão e a desconsideração não são muitas vezes prova de má vontade ou do propósito de ofender, mas manifestação de um modo de ser impetuoso ou temperamental. Aliás, não será que foi precisamente esse modo de ser dele, forte e másculo, que a atraiu antes de ficarem noivos?

2. *Manifeste serenamente que tal ou qual comportamento a magoa.* Evite todo o tom lamuriento, que costuma provocar a irritação do cônjuge; e evite sobretudo, como acabamos de ver, emitir juízos sobre as *intenções* dele: a consciência alheia é algo muito complexo e delicado. E preciso respeitá-la. Explique pacientemente o que lhe custa aceitar, sabendo que será necessário repetir isso muitas mais vezes ainda, porque ele não assimila esse tipo de «sutilezas» com facilidade.

3. *Procure um bom diretor espiritual.* É necessário, também, que tenha uma pessoa idônea com quem abrir-se e desabafar, de preferência um sacerdote, para conseguir obter clareza sobre o que sente e deslindar o que é mero amor-próprio ou uma simples reação temperamental, o que deve aceitar em silêncio e o que deve manifestar e advertir. Dispor de um bom confidente é essencial, porque o

simples fato de contar o que se sente tira virulência à ira.

No entanto, cuidado: não esqueçamos que, quando se abre o coração a outrem, se cria uma intimidade que em alguns casos pode ser extremamente perigosa. Para as mulheres, nenhum homem – exceto um sacerdote prudente – é bom confidente; menos ainda os filhos; e para os homens, nenhuma mulher é apta para essas confidências. Se não se quiser buscar um padre, que seja ao menos uma pessoa do mesmo sexo, em cuja discrição e prudência se possa confiar.

O senso de oportunidade

Alguém dizia jocosamente:
– Há dezoito meses que não falo com a minha esposa!
– Não me diga! – compadece-se o seu amigo. Mas o que foi que aconteceu?
– Nada. É só que... há dezoito meses ela não para de falar!...

Falar, falar muito e descontroladamente, pode ser sintoma de falta de senso de oportunidade. Já nos referimos a isto várias vezes, mas será interessante agora concretizar alguns pontos.

Pode servir de exemplo esta história pitoresca. Uma senhora tinha problemas em casa. Mal o marido chegava do trabalho, começavam a discutir. Uma amiga recomendou-lhe:
– Vá aconselhar-se com tal padre, que é um homem muito sábio.

Foi visitá-lo. O sacerdote escutou-a pacientemente e disse-lhe:

– Tenho o remédio para o seu problema.

E trouxe-lhe uma garrafa de água.

– É uma água maravilhosa: a água de São Geraldo. Quando o seu marido chegar, tome um gole desta água e fique com ela na boca pedindo a São Geraldo a paz do seu lar.

A experiência foi definitiva. A partir desse dia, a paz reinou na família. Mas – ai! – a água acabou. A mulher voltou a pedi-la, mas o bom padre disse-lhe, sorrindo:

– É água comum, pode pegá-la na torneira da sua casa. O importante é que fique com a água na boca, reze e... *não fale*!

O silêncio e a capacidade de escutar são uma verdadeira água miraculosa que traz serenidade ao lar. É bom que se lembrem dessa história não apenas as mulheres, mas também muitos homens...

Alguns conselhos práticos:

1. *Aprender a escutar*. Para aprendermos a escutar, antes de mais nada, o segredo está, como vimos, em aprender a calar, isto é, a não falar antes da hora. Deixemos o outro exprimir os seus pensamentos até o fim, sem interrompê-lo porque achamos que «já sei o que ele vai dizer». Tenhamos paciência, mesmo quando se trata de uma daquelas pessoas que se detêm desnecessariamente nos «mínimos detalhes», apesar de ser evidente, de longe, aonde elas querem chegar.

2. *Evitar a precipitação em responder*. Depois de termos ouvido até o fim o que o marido ou a esposa tinham a dizer, pensemos durante alguns segundos no que vamos responder. Essa ponderação poupar-nos-á muitas respostas precipitadas, e por isso mesmo tolas, passionais,

despropositadas. Esse hábito é especialmente importante quando o nosso interlocutor está impaciente e disposto a brigar, ou quando nós mesmos estamos agastados ou irritados. «Já que são necessários dois para brigar, a sabedoria está em não sermos o segundo»[13].

Uma vez pronunciada a palavra que se deveria calar, é impossível recuperá-la. E vem o troco, em palavras violentas ou injustas. E depois a nossa réplica. E assim os esposos acabam ferindo-se mutuamente, dizendo um ao outro coisas desagradáveis que não traduzem os seus verdadeiros pensamentos nem correspondem aos seus verdadeiros sentimentos. Tudo isso por causa de uma breve e ligeira falta de autodomínio.

3. *Levar em conta as diferenças no modo de pensar de homens e mulheres.*

Segundo o linguista Tannen[14], homens e mulheres usam a linguagem com finalidades diferentes. No caso dos conflitos interiores, por exemplo, a mulher fala porque a sua forma de elaborar os problemas é formulá-los verbalmente. Não está pedindo conselho: o que precisa é poder falar, desabafar, pois é falando que consegue pensar. O homem, pelo contrário, normalmente prefere resolver os problemas em silêncio, equacionando-os mentalmente, para só depois comunicar a solução a que chegou. À esposa, isso pode dar a impressão de que o marido é egoísta e insensível; ao marido, a de que a es-

---

(13) Cfr. Georges Chevrot, *As pequenas virtudes do lar*, pág. 86.

(14) D. Tannen, *You Just Don't Understand: Women and Men in Conversation*, William Morrow, Nova York, 1990.

posa é uma palradeira.

Talvez pudéssemos subdividir este conselho em dois: primeiro dizer *ao marido* que escute muito, mas não dê excessiva importância a tudo o que a mulher diz. Nem tudo precisa ser assumido e «resolvido» por ele, porque a mulher já o está resolvendo ali mesmo diante dele, nesse processo de fala e escuta. Por outro lado, precisa evitar cuidadosamente cair no extremo oposto, que é desinteressar-se interiormente e considerar tudo o que ouve como uma espécie de «ruído de fundo». E, segundo, recomendar *à mulher* que procure conter-se um pouco, sintetizar mais o que realmente é importante, e dar ao marido *tempo e silêncio* para que possa «ruminar» o que tem a dizer.

O espírito de serviço

A jornalista Pilar Urbano, na longa entrevista já citada, pergunta à rainha da Espanha, Sofia, algo surpreendente: «Que é ser rainha?» E a resposta foi ainda mais surpreendente:

> Ser rainha é servir. O que me cabe é servir. Rainha é uma palavra cheia de conteúdo. Você enumerou várias características relevantes da realeza: ascendência, status, função, missão, dever, dignidade... Mas, tal como entendo o conceito de *rainha*, ele pode dar-se e dá-se em qualquer família onde a mulher é a cabeça e o coração, e sabe que a sua missão mais importante é atender e cuidar desse lar: só então se torna rainha da casa.

Cada ser humano, cada mortal que habita este nosso planeta, pode ter esse mesmo conceito da vida como serviço. É a mais alta dignidade a que pode aspirar um homem ou uma mulher: viver para os outros. O homem que serve é rei. A mais útil, a mais bela e a melhor forma de reinar é servir: estar à disposição dos outros [15].

Há duas maneiras de reinar. Reinar servindo – como acabamos de ver – ou reinar impondo-se. Dizem que todos nós trazemos um rei na barriga, porque parece que estamos sempre querendo «reinar» de alguma maneira, ser, como se diz na gíria, «donos do nosso pedaço».

Recordo-me de que certa vez ia de carro por uma ruela da cidade. Um gari estava varrendo o lixo no meio da rua. Aproximei-me devagar para não o assustar. Parei o carro, mas ele não mudou o ritmo do seu trabalho. Ia devagar, sem pressas. Via-se que pouco lhe importava fazer-me esperar. Mais ainda, deu-me a impressão de que, pela sua lentidão, estava propositadamente querendo fazer-me esperar só para se autoafirmar: «Aqui mando eu! Eu sou o rei deste pedaço!». E eu, rindo sozinho, pensei: «Eis aqui na minha frente... o rei do lixo!»

Ora, para muitas pessoas casadas, o «seu pedaço», o território de que são «reis», é o seu lar, e os seus súditos são os familiares. «Aqui mando eu!». Não compreenderão o pai ou a mãe, o esposo ou a esposa, que, pensando assim, estão-se identificando com a mentalidade «caipira» do

---

(15) Pilar Urbano, *La Reina*, págs. 308 e 311.

«rei do lixo»? No lar, é preciso que se conjuguem vários binómios: autoridade-amizade, paternidade-fraternidade, hierarquia-espírito de serviço. Se não for assim, o lar terminará convertendo-se num quartel... ou num zoológico.

Nessa visão «autárquica» da paternidade e da maternidade, alguns encaram o espírito de serviço como escravidão. Não reparam que, quanto mais servem, mais senhores se tornam. Os cônjuges, os pais, são *senhores e servidores*. Senhores, porque são filhos de Deus. Servidores, porque é próprio da qualidade senhoril saber servir. As grandes figuras humanas sempre foram grandes servidores, porque com a sua existência estiveram ao serviço da grande missão que lhes cabia realizar. E que missão maior encontraremos que a de ser o coração e a cabeça de uma família, coração e cabeça fundidos na união íntima do casal?

Os esposos que querem ser *reis* deveriam primeiro e sempre ser *servidores*. Não deveria existir uma disputa para cada qual fazer valer os seus direitos, mas uma nobre emulação para ver quem tem mais deveres, quem serve mais e melhor, quem sai antes ao encontro do consorte para tornar a sua vida mais agradável: amar é descobrir constantemente novas ocasiões de servir.

O Bem-aventurado Josemaría Escrivá gostava de dizer que, no lar, cada um deveria «tornar-se tapete para que os outros pisassem macio». É uma imagem maravilhosamente expressiva. O tapete é discreto, não aparece, fica no chão, mas, quando o tiramos, a sala perde toda a graça e aconchego. Assim devem ser um para o outro os cônjuges, se quiserem evitar – ou consertar – problemas, desentendimentos e atritos.

Tive oportunidade de cumprimentar na Base Aérea do Galeão os Imperadores do Japão. Antes de descerem do avião, os funcionários estenderam um tapete vermelho para que Suas Majestades Imperiais pudessem pisar a terra brasileira com todas as honras. Pois bem, se não se fizer troça do que vou dizer, permitir-me-ei pedir a cada esposa que, quando o seu marido entrar em casa, lhe estenda o «tapete vermelho» de uma recepção carinhosa, da sua disponibilidade, porque está entrando o *imperador do lar*. E que o marido, quando a esposa se aproximar da mesa com aquelas iguarias feitas com tanto esmero, lhe estenda o «tapete vermelho» do seu agradecimento, porque na sala de jantar está entrando a *imperatriz da casa*, e é importante estar à sua espera: sair ao encontro do consorte com o tapete vermelho da homenagem à sua dignidade, ao seu mérito; sair ao encontro do outro desdobrando as nossas disponibilidades como se desenrola um tapete, a fim de valorizar e suavizar as suas canseiras...

Não haveria crises matrimoniais se houvesse realmente esse espírito de serviço de parte a parte. Os conflitos matrimoniais são quase sempre fruto de choques que se dão quando o orgulho vai crescendo, vai inchando e invade o espaço pessoal do outro, esbarrando contra o seu modo de ser, contra a sua autonomia, contra o seu ponto de vista... Quer-se reinar dominando, quando na realidade só se reina servindo. É assim que o Senhor veio reinar no mundo: *Não vim para ser servido, mas para servir* (Mt 20, 28).

Servir, ter a disposição de fazer o que o cônjuge quer de preferência aos próprios desejos, de ceder em tudo o que nos pede e é razoável, não significa de forma alguma «submissão cega», mas disposição de ouvir, prestar atenção, ceder no que é possível. *Quanto mais maduros, mais disponíveis.*

Neste terreno, é importante que marido e mulher se ponham de acordo quanto à distribuição das tarefas do lar e do cuidado e educação dos filhos: que funções correspondem à mulher e ao homem, em que campos devem exigir a obediência dos filhos e em quais se pode conceder tolerância, a que falhas se pode fazer «vista grossa» e em que outras não se pode transigir, qual deve ser a hora da chegada dos filhos à noite e a que refeições deverão comparecer todos. Em tudo isto tem que haver um entendimento entre marido e mulher, compreendendo que um e outro podem delegar funções, mas nunca responsabilidades.

Ambos estão comprometidos na mesma «empreitada». O espírito de serviço consiste em enfronhar-se – com a devida divisão de funções – em todos os trabalhos do lar globalmente considerados. O marido não pode dizer: a mim, cabe-me trazer o dinheiro da casa; a você, o cuidado do lar e das crianças... É muito cômodo.

Levando em consideração o protagonismo que algumas mulheres vêm exercendo na vida social, o marido pode e deve colaborar nos serviços domésticos... Às vezes, vejo certos maridos porem não sei que «cara de vítima» quando os encontro na cozinha, lavando pratos... Parecem dizer com o olhar: «Olhe só como andam as coisas hoje em dia... Não entendo mais nada!...»

Ouvi inúmeras vezes pais dizerem às mães: «Olha só o que o *seu* filho aprontou...», reforçando o pronome possessivo, como se dissesse nas entrelinhas: «É o filho que *pertence a você*, e por isso a responsabilidade de cuidar dele é *sua*». Uma vez, contudo, ouvi uma resposta de uma esposa bem «despachada», que não tinha «papas na língua»: «*Meu* filho?, diga melhor, o *nosso* filho: ele não é filho de mãe solteira!» O marido teve que pedir-lhe desculpas, e foi muito bem feito. Espírito de serviço significa, no fim das contas, que *ambos*, com a divisão de trabalhos previamente estipulada, «metam as mãos na massa».

Quando existe esse clima de serviço – que exige, evidentemente, humildade e espírito de sacrifício –, é muito difícil que apareça uma crise, ou é mais fácil superá-la. Houve uma discussão, um atrito? O marido não se sente com disposição para pedir desculpas porque lhe parece «piegas» ou «injusto»? Se há habitualmente essa boa disposição de servir, o coração encontra outras maneiras de procurar a reconciliação, ajudando, por exemplo, a preparar a mesa ou a retirar os pratos... e, sem palavras, o ambiente pesado desanuvia-se. A esposa não consegue comunicar ternura? Tem o coração seco ou falta-lhe disposição para a relação conjugal? Bem pode suprir essa frieza com uma atenção especial, fazendo o prato um pouco mais sofisticado de que o marido gosta, trazendo uma lembrancinha à-toa que ele adora... e pronto!, o clima torna-se leve.

Os sentimentos são complexos; os atos de serviço, simples e práticos. É necessário muitas vezes traduzir em comportamentos concretos o que não se consegue externar em expressões afetivas: nos mil e um trabalhos de ordem e de limpeza, nas tarefas mais pesadas, que são com frequência as mais necessárias, na presteza em atender a porta ou o telefone, na aceitação de um trabalho doméstico «extra» que desestrutura o planejamento do dia ou da semana, na diligência alegre em pegar um ônibus para que o outro cônjuge possa utilizar o carro, no sacrifício de ficar com as crianças para que a esposa tenha um fim de semana mais descansado, etc., etc.

Não se dissolveriam por acaso, como fumaça no ar, tantos pequenos e grandes conflitos, se no lar houvesse esse nobre espírito de competição para ver quem serve mais e melhor? Para isso, não é necessário *sentir* um *amor afetivo* – cheio de ternura que muitas vezes é difícil de manifestar por faltar disposição anímica, mas sim um *amor efetivo*, feito de pormenores que estão ao alcance de todos.

Aprendamos todos essa maravilhosa arte de reinar servindo. E estará formada a «Coroa» do lar, baseada na estreita união entre marido e mulher.

Os cuidados do lar

A atmosfera de um lar autêntico é um verdadeiro *repelex* contra as crises conjugais. Esse lar – que se vai construindo pouco a pouco, como os passarinhos constroem com arte e esmero o seu ninho – constitui o ponto de partida e de chegada de todos os empreendimentos e projetos, o referencial de todos os afãs e cuidados da vida, e acaba por ser o insubstituível *recanto sonhado* para onde sempre queremos voltar, como os pássaros para o seu ninho.

É triste a vida de uma pessoa que não tenha esse polo de atração. Quando o marido ou a mulher deixam de experimentar esse magnetismo, é porque perderam as suas raízes mais profundas: ficaram «desarraigados» daquilo que alicerça as suas vidas e, por isso mesmo, ficaram expostos a qualquer vento sentimental, a qualquer turbulência psicológica ou tentação de infidelidade.

Voltar a implantar essas raízes familiares, retornar a esse refúgio humano que é o amor pelo lar, é tão necessário como encontrar o norte na bússola da vida. Escutar de João Paulo II aquele grito de advertência: «Família, torna-te aquilo que és»[16], é tanto como dar ouvidos ao que há de mais essencial para a vida humana: «Retorna a esse amor esponsal no âmbito do teu lar, torna a encontrar ao lado dos teus filhos esse remanso de paz e de alegria, volta para a tua casa, que é o recinto onde crescem os valores mais substanciais da tua vida... Sim, volta para casa!».

Volta para casa! Acredito que muitos ainda se recordam dessa frase, dita aos gritos no Maracanã, dirigida ao mais famoso ponta-direita da seleção brasileira:

– Volta para casa, Mané! Mané, volta para casa!

Os torcedores queriam que Mané Garrincha voltasse para a sua família, para os seus filhos, a quem tinha largado para se juntar a uma conhecida cantora. O povo simples, nas suas expressões mais espontâneas, reconhece o que há de mais autêntico na família.

Desde a *Odisseia* de Homero, em que Ulisses está sempre *voltando para casa* ao encontro de Penélope, sua esposa, e do seu lar, a história da literatura descreve metaforicamente a vida como uma viagem, como um eterno retorno aos valores mais genuínos do ser humano. E No-

---

(16) João Paulo II, *Familiaris consortio*, n. 17.

valis, o poeta romântico alemão, costumava dizer quando viajava: «Estou voltando para casa, estou sempre voltando para casa».

A humanidade morre de saudades evocando a família ideal que traz gravada como paradigma no fundo da sua consciência. Essas insondáveis saudades do amor sereno e pacífico de um lar, esse eterno retorno do homem àquilo que corresponde à sua mais genuína essência, é o que nós poderíamos também dizer em voz alta àqueles que se perderam nos tortuosos caminhos das crises conjugais: «Volta para casa, sempre para casa. Aí encontrarás o calor de um lar, a compreensão dos seres queridos, o remanso de paz, o ninho aconchegante onde pais e filhos viverão em estreita solidariedade e amor».

A palavra *lar* tem raízes clássicas. Na antiguidade romana, designava um conjunto de diminutas deidades que tinham por missão reunir em torno da *lareira* os membros da família: denominavam-nos deuses *Lares*. Como as minúsculas faíscas que brotavam do fogo, eles estavam presentes nos pequenos detalhes cotidianos que estabeleciam a união de todos em torno do calor aconchegante do amor humano.

O recôncavo da lareira, diríamos, está formado pelo regaço da mulher, da esposa, da mãe. Ortega y Gasset diz que, «no lar, domina sempre o clima que a mulher cria. A intervenção do homem, por mais que "mande", é descontínua, periférica e oficial. A casa é o essencialmente cotidiano, a série indefinida de minutos idênticos, o ar habitual que se respira. Esse ambiente doméstico emana da mãe e envolve os filhos»[17].

A mulher governa o mundo do cotidiano e faz do lar um verdadeiro reino onde impera com o encanto natural da sua feminilidade. Um lar onde falte o toque da feminilidade chega às vezes a lembrar o ar gelado de uma pensão ou o ambiente frio e impessoal de uma repartição pública.

A mulher sabe sempre devolver a cada espaço a naturalidade do ordinário. Parece estar na *substância* da vida: no que *sub-está*, no que está na base, nos alicerces. Mesmo humanamente, ninguém deveria surpreender-se com o papel que Nossa Senhora desempenha na família da Igreja. Deveríamos agradecer ao Pai que nos tenha dado uma Mãe para que possamos sentir a ternura de Deus num coração feminino; e, simultaneamente, que nos tenha dado nEla um modelo para todas as mães de família de todos os tempos.

A decoração da casa não é, pois, algo de pouca importância. Gregorio Marañón desce, neste terreno, a alguns pormenores:

> Quanta importância tem na vida do lar e na educação dos que o habitam a circunstância de a casa ter um caráter próprio, cálido e artístico, que é perfeitamente compatível com a modéstia e quase com a pobreza! Caráter próprio e cálido; porque esses interiores em que cada detalhe é sóbrio e belo e foi objeto da preocupação do espírito feminino parece que estão ani-

---
(17) Ortega y Gasset, *Estudios sobre el amor*, pág. 158.

mados da própria alma da dona da casa e, com uma amável atração, acolhem e retêm os que neles vivem e os que os visitam[18].

São considerações que não podem ser esquecidas nunca por uma dona de casa, por uma esposa. Esse lar aconchegante, esse ambiente é um ímã que atrai continuamente o marido. O magnetismo da lareira está estreitamente vinculado ao regaço aconchegante da esposa que manifesta a sua ternura nos mil e um pormenores que transformam um simples domicílio num insubstituível lar acolhedor.

Esses *pormenores* – que são como diminutas faíscas que brotam da lareira do amor ou como minúsculas palhas que entretecem o ninho – tornam atrativas, magnetizantes, as portas de entrada de um lar. Estão sempre a gritar, depois das pequenas separações e das grandes brigas: «*Volta para casa!*, torna ao teu *recanto sonhado*!»

A superação prática dos problemas: lutar

Não podemos conformar-nos com o que *somos*, com o *status quo*; e isto, para nós, traduz-se nesta afirmação: *Não podemos aceitar os problemas da vida matrimonial como se fossem insolúveis*. Temos que lutar para chegar a conseguir o que *devemos ser*: para *superar* quaisquer dificuldades,

---

(18) Gregorio Marañón, *Biología y feminismo*, em *Obras completas*, vol. III, Espasa-Calpe, Madri, 1967, pág. 125.

problemas ou crises que encontremos pela frente.

Não se diga que é uma meta impossível, mesmo porque o cristão sabe que Deus nunca lhe propõe objetivos inatingíveis. A covardia, o comodismo e a falta de fé, que são os nossos principais obstáculos, não nos podem levar a rebaixar a meta, ainda que a julguemos difícil de atingir. O ambiente cultural da época em que vivemos empurra-nos para metas «medianas», para soluções *light* que não exijam esforço, mas isso não nos autoriza a optar pela mediocridade, pois fazê-lo significaria optar também pela frustração. O homem foi criado para as alturas, para a santidade pessoal, para uma vida matrimonial perfeita, como a águia para os altos cumes.

Não podemos recortar as asas da alma com as lâminas afiadas da pusilanimidade e da mesquinharia. A águia terminaria por sentir-se frustrada, com saudades dos cumes. O mundo pagão já o reconhecia. Sempre terá vigência a observação de Aristóteles: «O impossível verossímil deve ser preferido ao possível não convincente», palavras que já tiveram o seu prelúdio nos *upanishads*: «Vale mais propor-se a meta da excelência e não consegui-la do que a da mediocridade e chegar a atingi-la».

Estas sentenças foram cunhadas séculos antes de Cristo ter emitido o seu chamado imperativo à santidade: *Sede perfeitos como o vosso Pai celestial é perfeito* (Mt 5, 48). É o homem como tal, e não apenas o cristão, que sente a necessidade de uma excelsa plenitude.

As pessoas casadas foram chamadas a fazer-se santas por meio do matrimônio, e esse ideal não pode atolar-se no pântano do mais fácil e do possível: caminho para o desleixo, a mornidão, a tibieza, para esse compactuar com os próprios defeitos e fraquezas, esse «fazer média» com o egoísmo, esse faltar ao respeito e à consideração para com o outro cônjuge, esse abandonar os detalhes de delicadeza no convívio familiar...

Não há ninguém que não tenha necessidade de mudar. E poucas coisas ajudam tanto a tomar consciência dessa necessidade como as exigências que o casamento propõe a cada um dos cônjuges. A convivência funciona como um verdadeiro «abridor de latas» para rachar a crosta dura do egoísmo e do individualismo – que todos temos –, e trazer ao ar livre o verdadeiro conteúdo de amor que se esconde no coração.

É preciso decidir-se a mudar, a buscar seriamente a perfeição que o casamento nos pede. Muitos que se queixam de que «o seu casamento não está dando certo» – como se fosse uma fatalidade independente da sua vontade – deveriam pensar que a maior parte dos problemas familiares se solucionariam se houvesse uma séria *determinação pessoal* de erradicá-los.

Para conseguir um objetivo na vida, não é tão necessário ser inteligente como ter força de vontade. A realização prática dos nossos desejos de mudança não chega muitas vezes a concretizar-se por causa da nossa fraqueza. Mas se há fraqueza na realização efetiva, não a pode haver na determinação. Quando um propósito já nasce enfraquecido pela dúvida, insegurança ou apatia, podemos ter a certeza de que a sua realização será um verdadeiro fracasso.

Querer! É preciso primeiro querer com toda a alma, com um querer apaixonado; e, a seguir, esforçar-se para que a ação acompanhe a determinação com a mesma energia. Williams refere-se a uma passagem da vida de um famoso violinista: «Depois de um concerto extraordinário, uma senhora disse-lhe: «Daria a minha vida para tocar como o senhor.» E o violinista respondeu-lhe: "Pois foi precisamente isso que eu fiz, minha senhora"»[19].

Para construir uma família, para superar uma crise, antes de mais nada é preciso *querer apaixonadamente* esse objetivo e estar disposto a dar a vida por ele. Se um virtuose do violino trabalha muitas horas por dia para estudar cada nota e cada acorde, quanto mais deveriam esforçar-se um pai e uma mãe de família para conseguirem afinar mutuamente os temperamentos, para conseguirem a melodia familiar única e característica, essa união conjugal que será exemplo para os filhos, esse lar cristão que será um paradigma para a sociedade.

Se houver essa determinação, haverá também o esforço habitual de superação. Mas esse esforço – reconheçamo-lo – durará a existência inteira. Para esse longo combate não bastam as «grandes decisões» ou os «gestos enérgicos» intermitentes; é necessário chegar a *adquirir virtudes*.

Se toda a virtude é um hábito, esse hábito só ganha consistência à base da repetição flexível e inteligente de atos feitos num mesmo sentido e direção. Isso é o que dá a capacidade, a habilidade, a boa disposição, a facilidade e o prazer na execução das ações. O hábito cria como que uma *segunda natureza*, uma nova personalidade. Ora, a fim de conseguir as virtudes necessárias para renovar o convívio familiar, cumpre batalhar com igual ou maior

---

(19) A.L. Williams, *Como superar-se a si mesmo*, Grifalbo, México, 1997, pág. 221.

interesse do que o artista que se esforça para aperfeiçoar a sua técnica. Marido e mulher necessitam também de anos de treino e de luta consigo próprios se querem interpretar, num dueto harmonioso, a melodia do seu amor. *Não há outro modo*. É preciso começar e recomeçar mil vezes. Mas esse empenho nas pequenas lutas de cada dia, unido à graça de Deus, faz verdadeiras maravilhas.

O primeiro passo dessa luta pela aquisição das virtudes é o diagnóstico sereno e objetivo dos defeitos que temos e das qualidades que nos faltam. Ninguém supera aquilo que desconhece. É preciso que os cônjuges tomem consciência de quais são os pontos que os afetam pessoalmente e tenham a coragem de identificá-los por meio de um *exame de consciência individual*, feito todos os dias, com plena honestidade e diante de Deus.

Trata-se de começar a «policiar» a própria conduta dia após dia, marcando mentalmente ou, de preferência, por escrito – como tantas personalidades já fizeram ao longo da história, por exemplo Sêneca ou Benjamim Franklin – as falhas e os progressos, para recomeçar no dia seguinte a luta contra os seus pontos fracos.

Depois, é aconselhável fazer periodicamente uma *avaliação a dois*. O método mais direto é a troca de impressões, o diálogo. A esposa poderia dizer, por exemplo:

«– Seria tão bom que você não me falasse nesse tom de voz tão ríspido;

– que elogiasse o vestido novo que comprei ou a forma diferente com que preparei o risoto... E que alguma vez me dissesse que continua a gostar de mim e que me acha bonita;

– que não tivesse detalhes de carinho comigo apenas quando deseja ter uma relação mais íntima;

– que se ocupasse um pouco mais dos filhos quando volta do trabalho ou nos fins de semana;

– que colaborasse um pouco mais na ordem material da casa e nos consertos...»

E o marido:

«– Por favor, quando chego a casa cansado do trabalho, não me atulhe de problemas, não me ponha na frente as faturas por pagar ou a caderneta do caçula cheia de notas vermelhas...

– quando desejo ter uma relação com você, não me diga habitualmente que está cansada ou doente;

– não me contradiga na frente dos colegas, nem discuta com a minha mãe quando ela faz uma observação;

– aprecie o meu trabalho não apenas pelo que ganho, mas também pela sua qualidade e valor;

– compreenda o meu temperamento rude; você sabe que, muitas vezes, quando quero "acariciar", "arranho"... »

A partir desse diálogo, é possível passar para o segundo passo, que consiste em elaborar um *programa de conduta* que concretize os objetivos em que cada qual deve esforçar-se por superar os seus defeitos. É preciso *estabelecer metas claras*, formuladas de maneira muito simples. Por exemplo: «Deixar, com paciência, que o outro cônjuge fale até o fim, sem interrompê-lo». E, juntamente com elas, é preciso marcar um prazo: «Devo conseguir isto em um mês».

Mas marcar metas não basta. É preciso *esforçar-se*. Este é o terceiro passo. É forte não aquele que não experimenta fraquezas – todos nós as sentimos –, mas aquele que luta por superá-las; é amável não aquele que não sente irritações – ninguém é um anjo –, mas aquele que luta por ultrapassar as sacudidelas temperamentais.

É necessário lutar, portanto, de forma eficaz. São Paulo, referindo-se à luta dos atletas, escrevia: *Esforçai-vos de tal maneira que consigais o prêmio* (1 Cor 9, 24). O que ele preconizava não era esforçar-se de qualquer modo, mas *de tal maneira*, com tal brio, com tal «garra» que se conseguisse atingir a meta.

Os grandes objetivos – como construir uma família ideal – alcançam-se através do somatório de pequenas vitórias, que se acumulam e crescem até se tornarem caudalosas. A única condição é que esse batalhar diário não ceda nunca na sua persistência.

Ajudar-nos-á muito manter viva a consciência de que Deus nunca nos pede o impossível; pede, sim, que façamos o possível para que depois Ele nos ajude a conseguir o que parece impossível. Santo Agostinho cunhou um princípio que marca as coordenadas da nossa luta num ambiente de absoluta confiança na amável paternidade de Deus: «Esforçar-nos em tudo como se tudo dependesse de nós e confiar em tudo como se tudo dependesse de Deus». Temos que colaborar com todas as nossas forças; Deus nunca recompensa a apatia e a preguiça. Mas *Deus é fiel* (Tes 3, 3), nunca deixa de dar a sua ajuda aos que lutam e confiam.

Por fim, tenhamos em conta que é preciso *lutar por amor*. Lutar não para conseguir uma perfeição pessoal, não para subir ao pódio da «autossuperação», não para ter a satisfação de estar *quites* com Deus, mas por amor: por amor a Deus, para tornar feliz o cônjuge e os filhos...

Quando as coisas se fazem por amor, tornam-se mais leves, há mais energia.

Das imensas planícies do Quênia divisam-se os cumes brilhantes, sempre nevados, do Kilimanjaro. Os nativos da tribo dos Kikuyu, familiarizados com esses cumes, têm um ditado encantador: «Quando no alto da montanha há alguém que nos ama, torna-se mais fácil a escalada». Por trás das dificuldades da vida conjugal, no meio da labuta para superar arestas, conflitos e asperezas, devemos ver os olhos animosos e brilhantes de Nosso Senhor, do cônjuge e dos filhos: eles estão-nos chamando, eles esperam por nós no cume das suas confiantes expectativas.

Nesta luta, cada vencimento não representa apenas uma vitória sobre si mesmo, mas a conquista de uma parcela de felicidade do consorte e da paz e alegria dos filhos. Esta convicção há de ser o grande incentivo para os nossos esforços.

Intensificar a vida espiritual

Existe uma forte dependência entre a vida humana e a vida religiosa, entre as mútuas relações dos cônjuges e as suas relações com Deus. Tão forte, que não parece viável sustentar uma vida conjugal plena sem uma plena intimidade com Deus. A vida espiritual é o aglutinante mais eficaz para ligar o que está desunido e desencontrado, o nexo mais vigoroso para unir as bordas de duas personalidades aparentemente incompatibilizadas. É por esta razão que deixamos este ponto para o final. Porque é o que dá firmeza e sentido a todas as reflexões feitas até agora.

Os esposos devem compreender que o Sacramento do Matrimônio não derrama as suas graças apenas no momento do casamento, mas ao longo de toda a vida dos cônjuges. A graça sacramental atua como uma poderosa força de união, como um elo inquebrantável – simbolizado pelas alianças – que vincula duas vidas num só destino.

Assim como o ourives funde as duas metades de um anel num único círculo, da mesma maneira os dois esposos fundem-se, pela força do Sacramento, numa única realidade: os dois tornam-se «uma só carne», um só projeto pessoal. A graça que dimana do Sacramento não representa uma bênção exterior – um complemento ao enlace humano –, mas uma verdadeira força interior que aglutina dois seres numa única existência.

Essa graça própria do Sacramento do Matrimônio atua de maneira mais intensa quando é mais profunda a vida espiritual dos esposos. Cristo disse: *Eu sou a videira, vós os ramos. Quem permanece em mim e Eu nele, esse dará muito fruto* (Jo 15, 5). A seiva passa de Cristo – a videira – para os esposos – os ramos – através do canal da graça. Mas este canal pode dilatar-se pelo esforço pessoal ou ficar bloqueado ou atrofiado pelo pecado, pela frieza ou pela indiferença espiritual.

É necessário, portanto, praticar e enriquecer a vida espiritual, principalmente através dos Sacramentos da Confissão e da Comunhão frequentes, da oração e da meditação habituais. São todos meios eficacíssimos para que a graça flua pelos vasos capilares da alma.

Sob a ação iluminadora do Espírito Santo, cada um dos consortes vem assim a compreender que, se o Senhor nos diz que o mandamento fundamental do Evangelho é, depois do amor a Deus, o *amor ao próximo*, não há ninguém mais «próximo» do que aquele que está destinado – por desígnio do Criador – a constituir com ele *uma só carne*, a ser para sempre o entranhável companheiro ou companheira na caminhada da vida. Chega a entender claramente que é preciso amá-lo tal como é, também com os seus defeitos e as suas fraquezas, com as suas peculiaridades e até com os seus egoísmos e manias. Mais ainda, percebe que é responsável pela felicidade dessa sua «cara-metade», e esse profundo sentido do dever diante de Deus fará com que, nas relações íntimas, nos pequenos ou grandes percalços e atritos, na multidão dos diminutos serviços do dia a dia, esteja mais preocupado com o contentamento do esposo e dos filhos, do que consigo próprio.

Tudo isto vai santificando os cônjuges e santificando o lar porque, como diz o Papa João Paulo II, «a chamada universal à santidade é dirigida também aos cônjuges e aos pais cristãos [...] e *traduzida concretamente* nas realidades próprias da existência conjugal e familiar»[20]. A santificação dos cônjuges não é um ideal inatingível, nem algo inusitado, nem uma espécie de «acabamento requintado», um «luxo» dispensável na vida dos autênticos seguidores de Cristo. Não, absolutamente não. *Constitui a essência da vida cristã e da vida conjugal*. Tanto assim que, como no céu só entram santos, a vida conjugal poderia ser descrita como um pórtico, um vestíbulo do céu.

Esta verdade central foi novamente lembrada por João Paulo II na carta apostólica sobre o milênio que

---

(20) João Paulo II, *Familiaris consortio*, n. 56.

começa, a *Novo millennio ineunte*, que abre renovados horizontes cristãos para este terceiro milênio do nascimento de Jesus Cristo:

> O dom da santidade, por assim dizer, objetiva, é oferecido a cada batizado. Mas o dom gera, por sua vez, um dever que há de moldar a existência cristã inteira: *Esta é a vontade de Deus: a vossa santificação* (1 Ts 4, 3). É um compromisso que diz respeito não apenas a alguns: «*Os cristãos de qualquer estado ou ordem* são chamados à plenitude da vida cristã e à perfeição da caridade» (Concilio Vaticano II, *Lumen gentium*, 40). [...]
> Seria um contrassenso contentar-se com uma vida medíocre, pautada por uma ética minimalista e uma religiosidade superficial. Perguntar a um catecúmeno: «Queres receber o batismo?» significa ao mesmo tempo pedir-lhe: «Queres fazer-te santo?» Significa colocar na sua estrada o radicalismo do Sermão da Montanha: *Sede perfeitos como é perfeito o vosso Pai celeste* (Mt 5, 48).
> Como explicou o Concílio, este ideal de perfeição não deve ser objeto de equívoco vendo nele um caminho extraordinário, capaz de ser percorrido apenas por algum «gênio» da santidade. Os caminhos da santidade são variados e apropriados à vocação de cada um. Agradeço ao Senhor por me ter concedido, nestes anos, beatificar e canonizar muitos cristãos, entre os quais numerosos leigos que se santificaram nas condições ordinárias da vida. É hora de propor de novo a todos, com convicção, esta «*alta medida*» *da vida cristã*

ordinária: toda a vida da comunidade eclesial e das famílias cristãs deve apontar nesta direção[21].

E São Josemaria Escrivá escrevia:

> Os casados são chamados a santificar o seu matrimônio e a santificar-se a si próprios nessa união; por isso, cometeriam um grave erro se edificassem a sua conduta espiritual à margem do lar. A vida familiar, as relações conjugais, o esforço necessário para manter a família, para garantir o seu futuro e melhorar as suas condições de vida, o convívio com outras pessoas que constituem a comunidade social, tudo isso são situações humanas comuns que os esposos cristãos devem sobrenaturalizar[22].

Essa vida santa e santificadora cresce no lar e nele se derrama, inundando de paz, de segurança e de alegria todos os que nele habitam.

Distanciar-se dessa realidade para conseguir uma espécie de «santidade paroquial» ou «santidade monacal» seria não apenas um erro grave, mas uma demonstração de ignorância da doutrina da Igreja, ou ainda de desequilíbrio comportamental. Uns católicos que agissem desta maneira bem mereceriam a crítica de se ocuparem demais da «pastoral familiar» descuidando «a pastoral da sua família». Certo rapaz dizia-me, indignado, que os seus pais não tinham tempo para estar com ele e conversar porque

---

(21) João Paulo II, Carta apost. *Novo millennio ineunte*, ns. 30-31.

(22) Josemaria Escrivá, *É Cristo que passa*, n. 24.

sempre estavam na paróquia, ocupados com a «pastoral familiar»; e soube também de uma menina que disse à sua mãe: «Não preciso ir à igreja porque vocês já passam o dia dentro dela e não me dão a menor atenção». O fermento cristão tem de estar intimamente inserido na massa. Fugir da família e dos deveres inerentes ao lar, para uma pessoa casada, é o mesmo que fugir de Deus.

O «clima cristão» que deve reinar na família tem muitas manifestações. Expressa-se de maneira explícita na *vida de piedade* própria da família, que deve constituir verdadeiramente como que a «alma» daquele lar. Há práticas de piedade feitas em comum – poucas, breves e habituais – que sempre se viveram nas famílias cristãs, como a oração antes e depois das refeições, a recitação do terço, a participação em conjunto da Missa dominical, as comemorações do Natal e da Páscoa, etc. Também existem sinais externos de religiosidade – como uma imagem de Nossa Senhora na sala de estar ou um crucifixo nos quartos, etc. – que são como que indicadores de uma fé vivida de modo explícito, coerente, luminoso, e que acabam por tornar-se um poderoso veículo evangelizador.

Como é belo sentir o ambiente de alegria contagiante quando se entra num lar católico! Como é maravilhoso ver uma família inteira – pais e filhos – participando da mesma Missa! As pessoas perguntam-se: «Que há por trás disso?» E não tardam a descobrir a resposta: o que há é a segurança, o otimismo, a unidade e a alegria da fé coerente, vivida no seio de um lar verdadeiramente cristão! É um verdadeiro chamariz apostólico; isso arrasta.

É por esta razão que uma família autenticamente cristã não está nunca fechada em si mesma, contentando-se em conseguir uma «santidade familiar» isolada, alheia a essa obrigação iniludível de santificar outras famílias e, em decorrência, a sociedade toda: *é a família que salvará a família*. É a família cristã – revigorada pelo sacramento do matrimônio – que dará nova vida a essa família doente que, infelizmente, caracteriza a atual sociedade de consumo, atingindo-a precisamente no seu âmago, como um poderoso remédio capaz de atuar diretamente sobre o tumor canceroso.

E como há de atuar? O próprio «clima» da família já é atrativo e eloquente de per si. Fala através dos temas de conversa que se abordam no convívio familiar e especialmente da paz, da alegria e do bom humor reinantes, fruto de uma fidelidade vivida ao lado de Deus. Se a isso acrescentarmos um trato pessoal mais cuidado com as famílias amigas, o aprofundamento da amizade, um conselho oportuno, a indicação de um livro adequado, o convite para um círculo de estudos, para uma palestra formativa ou um encontro, um círculo bíblico, um retiro espiritual..., então a ação evangelizadora será tão eficaz como o fermento, que vai levedando toda a massa a partir de dentro.

Sobre a capacidade irradiadora da família poderia dar muitos exemplos. Baste apenas um, em que o apostolado se faz através da encantadora simplicidade de uma criança. Elizabeth Ascombe, uma das pessoas mais eminentes no mundo da filosofia anglo-saxônica, professora em Oxford, destaca num artigo sobre a Transubstanciação – a Presença real e substancial de Jesus Cristo sob as espécies do pão e do vinho – a importância de se ensinar às crianças, desde muito pequeninas, durante a Missa, o sentido que essa palavra expressa. Convencida da capacidade das crianças de captar muitas coisas – bastante mais do que alguns supõem –, recorda um exemplo:

> Conheci uma criança de quase três anos e que mal começava a falar, mas que havia sido instruída pouco a pouco no seio do seu lar. Certa vez, estava no fundo da igreja quando a mãe foi comungar. «Jesus está dentro de ti, mãe?» – perguntou a criança quando a mãe voltou. «Sim», respondeu ela, e para seu assombro a criança prostrou-se diante dela. Posso dar testemunho disto, porque o vi acontecer[23].

Testemunho comovente de uma professora universitária – que acabou por repercutir até nas páginas de uma revista de alta teologia – sobre o impacto que tinha provocado nela a fé de uma criança, essa fé assimilada no âmbito familiar, como que sugada com o leite materno no seio de uma mãe cristã.

Para sintetizar numa única imagem encarnada e viva o que deve ser esse lar cristão, basta o exemplo luminoso do lar de Nazaré. Que fazia Maria? Trabalhar o dia inteiro nos afazeres da casa: limpeza, cozinha, lavagem e costura da roupa, tecedura de um manto para Jesus, cultivo de uma pequena horta, compras para a manutenção do lar, busca de água na fonte da aldeia... Essas coisas pequenas, no entanto, faziam-se grandes, e muito grandes, pelo amor a Deus – seu Filho – que punha nelas. Maria trabalhava o dia inteiro e amava o dia inteiro, porque a finalidade de todo o seu trabalho era Jesus: para Jesus era

---

(23) Elizabeth Ascombe, em *Scripta Theologica*, vol. XXIV, pág. 8.

a comida que preparava, a roupa que costurava, o trigo que moía, a farinha que amassava e até o ar que respirava. E o mesmo podemos dizer de São José, com as suas fainas de carpinteiro.

Maria e José não fizeram nada de extraordinário, a não ser realizar extraordinariamente bem todas as coisas ordinárias de cada dia[24]. No entanto, foram as criaturas mais santas que viveram na terra, depois de Jesus Cristo. E como se santificaram? Fazendo, por amor a Deus, o trabalho trivial, cansativo mas nobre, de uma dona de casa, de um pai de família, dia após dia, ano após ano.

Esse é o exemplo que todas as mães e pais – todos os membros de uma família – devem seguir: fazer com perfeição e amor os pequenos deveres do dia a dia, porque nada existe de prosaico e desprezível quando se faz por amor a Deus. É isso precisamente o que significa «traduzir a vocação universal para a santidade nas realidades próprias da existência conjugal e familiar»[25].

---

(24) Cfr. Josemaria Escrivá, *É Cristo que passa*, n. 16.

(25) João Paulo II, *Familiaris consortio*, n. 56.

Uma palavra final: vale a pena

Ao longo destas páginas, usamos alguma vez uma expressão que se utiliza muito na linguagem coloquial: «Vale a pena!» Pois bem, no fim deste percurso em que caminhamos juntos para ver como se podem superar todos os problemas conjugais e atingir essa fidelidade que traz consigo a felicidade, voltamos a repetir: «*Vale a pena!*»

Vale a pena construir um lar com as rochas da fidelidade diária, interligadas com a argamassa do carinho familiar e do espírito cristão, porque dele brota um fruto extremamente saboroso: a serenidade e a paz. Só por essa serenidade e essa paz valeria a pena superar mil vezes todos os contratempos e desavenças conjugais.

Vivemos num mundo conturbado, cheio de inquietações. O século XX já foi chamado «o século da angústia». Por isso, um lar onde reinam a serenidade e a paz é uma *luz no meio das trevas* (cf. Jo 1, 5), um farol que indica aos navegantes onde encontrar um porto seguro.

A serenidade e a alegria de um lar sempre parecem despertar estas ou outras perguntas semelhantes: «Como consegue essa família viver com tanta paz, quando tem tantos problemas econômicos, quando nela não faltam doenças, quando o marido está à beira do desemprego...? Qual é o seu «segredo»?» E quando se quer investigar esse segredo, encontra-se uma resposta muito simples: marido e mulher, apoiando-se mutuamente, confiam na Providência divina, creem firme e autenticamente naquele ensinamento de Jesus: *Não temais [...]. Não se vendem dois passarinhos por um asse? Todavia, nem um só deles cai na terra sem a vontade do vosso Pai. Quanto a vós, até mesmo os cabelos da vossa cabeça estão todos contados. Não temais, pois valeis mais do que muitos pássaros* (Mt 10, 26-31).

A ternura de Maria é como que a expressão maternal dessa amorosíssima paternidade de Deus a que damos o nome de Providência. Acudamos a Ela. A serenidade vivida em família, compartilhada entre pais e filhos, entre irmãos – ao lado de Jesus e de Maria – é um dos maiores testemunhos de vida cristã. E algo que atrai como um ímã. Uma mãe e um pai cristãos não têm melhor argumento evangelizador – já o dizíamos – do que este: se você quer que a sua família tenha a paz que tem a minha, procure as raízes e encontrará nelas o «segredo» do seu encanto: o abandono nas mãos do Senhor e de Maria.

A serenidade e a paz, que são frutos saborosos desse

abandono, encontram um alicerce humano na fidelidade conjugal. A fraqueza de um vai fortalecer-se na fraqueza do outro, de acordo com uma espécie de «matemática sobrenatural»: «fraqueza mais fraqueza mais amor de Deus é igual a fortaleza». Quando marido e mulher, esquecendo-se das diferenças e atritos da vida conjugal, compartilham unidos temores e preocupações com Deus, Ele não deixa de lhes dar a graça para obterem a inestimável paz e serenidade cristãs. Ainda que só fosse por essa razão, valeria a pena lutar para viver a união e a fidelidade conjugal ao lado de Deus.

E depois, quando decorridos os anos se olha para trás, enxergam-se, sim, os percalços e as dificuldades, as dores e as lágrimas, o peso da renúncia, a angústia das encruzilhadas difíceis, mas destaca-se com muito maior brilho a riqueza e profundidade de uma família que se dilata unida entre si e unida a Deus, o espetáculo eloquente e silencioso dessa «pequena pátria» que soube esculpir em rocha sólida as suas próprias raízes, a grande aventura de um amor que superou todos os vendavais e borrascas... Sim, voltando a cabeça, com um suspiro de satisfação, poder-se-á dizer: «*Valeu a pena!*»

Mas dizem: «Custa tanto viver a fidelidade! Custa tanto sacrificar a realização pessoal em benefício da família!» E teríamos de repetir: custa muito mais ter que suportar a solidão que domina um homem e uma mulher egocêntricos que, chegados aos sessenta anos, não sentem *juntos* a alegria dos filhos e dos netos, das noras e dos genros achegando-se à sua beira. Esses nunca poderão contar, aos que darão continuidade à sua existência, a biografia de uma família que remonta a sua história à fidelidade de distantes progenitores e se prolonga – sem rupturas – até a felicidade de sucessivas gerações; nunca poderão sentir *juntos* a alegria de vê-los uma e outra vez – nos dias de aniversários, nas festas de Natal... – correndo para a sua casa como se quisessem aproximar-se da velha cepa para dela extrair a vida ou daquela lareira ancestral para nela encontrar o aconchego e calor que irradia continuamente...

Não há dúvida, levar o matrimônio até o fim, até o último suspiro, exige espírito de abnegação e de entrega. Mas é natural que seja assim: «Nenhum ideal se torna realidade sem sacrifício»[1]. A vida humana mede-se pela altura e profundidade do ideal que se pretende realizar. Ao unirem-se em matrimônio, os esposos devem estar persuadidos de que a sua vida ganha as dimensões grandiosas do cristianismo quando, ultrapassando uma visão egocêntrica e mesquinha, se dedicam a esse grande ideal da família na acepção mais nobre da palavra: uma *pequena pátria*, célula básica dessa outra Pátria maior em que vivemos, e dessa Igreja de Deus que é também Família de Nazaré.

---

(1) Cfr. Josemaria Escrivá, *Caminho*, n. 175.

Direção geral
Renata Ferlin Sugai

Direção de aquisição
Hugo Langone

Direção editorial
Felipe Denardi

Produção editorial
Juliana Amato
Gabriela Haeitmann
Karine Santos
Ronaldo Vasconcelos

Capa
Gabriela Haeitmann

Diagramação
Sérgio Ramalho

ESTE LIVRO ACABOU DE SE IMPRIMIR
A 28 DE NOVEMBRO DE 2024,
EM PAPEL IVORY SLIM 65 g/m².